RÉCITS HISTORIQUES

ET

LÉGENDAIRES DE LA FRANCE.

Le pasteur lui répond...

EXCURSIONS

DANS LE DÉPARTEMENT

DE SEINE-ET-OISE

PAR

MADAME DE GAULLE.

PARIS
LIBRAIRIE DE P. LETHIELLEUX,
RUE BONAPARTE, 66.

TOURNAI
LIBRAIRIE DE H. CASTERMAN
RUE AUX RATS, 11.

H. CASTERMAN
ÉDITEUR.
1861

PROPRIÉTÉ

ET RÉSERVE POUR TOUTE TRADUCTION.

EXCURSIONS

DANS LE

DÉPARTEMENT DE SEINE-ET-OISE.

I

LETTRE DE JOSÉPHINE A JULIE.

Paris, le 1ᵉʳ juin 1860.

Nous voici, depuis quelque temps, ma chère Julie, rendues toutes deux à nos familles respectives, en possession de ces vacances perpétuelles que nous avons appelées de tous nos vœux, en contact enfin avec ce monde que nous avions rêvé si séduisant et dont la réalité, à mes yeux, ne répond pas à tant d'espérances. Déjà, je me suis prise à regretter la cloche qui nous obligeait à des exercices réglés ; et, quant aux réunions qu'on est convenu d'appeler des plaisirs, elles ont promptement perdu pour moi la plus grande partie de leurs charmes. Des lieux communs, des vanités, des médisances, voilà ce qu'on y trouve et quelquefois pis encore. Si l'on y rencontre quelque personnage vraiment intéressant qui sache parler à la fois à l'esprit et au cœur, c'est une exception rare, du moins ce n'est guère là qu'elle se découvre ; on en jouit bien mieux dans l'intimité. C'est ce que je trouve dans mon père et ma mère, que j'apprécie mieux que jamais par les comparaisons que j'ai été à même de faire. Je puis encore leur adjoindre deux ou trois personnes distinguées qui fréquentent notre maison. Ce n'est donc pas la peine de faire tant de frais pour aller en chercher d'autres qui sont loin de les valoir.

Et cependant, ma chère amie, je suis avide de voir et de connaître; n'est-ce pas bien naturel à mon âge où tout est encore nouveau? mais ce n'est point dans le monde des salons que je suis tentée de continuer mes explorations : je voudrais voyager ; et pendant que tu envies peut-être ma résidence dans la capitale du monde civilisé, moi, je regrette de ne pouvoir t'accompagner au fond de ta province pour étudier des mœurs encore vierges qui n'ont point participé à la corruption générale, et y recueillir de naïves légendes. Mais il n'y a pas d'apparence que mes parents puissent me procurer cette satisfaction. Mon père est un laborieux érudit, dont les travaux, médiocrement rétribués eu égard au temps qu'il y passe et aux soins consciencieux qu'il y apporte, ne lui permettent guère de loisirs. Ma mère est une ménagère fort attachée à son foyer, tout occupée du soin de faciliter la vie à mon père, de ménager nos ressources, et qui ne comprend plus que l'on puisse avoir un autre but, une autre pensée. Unie d'esprit et de cœur avec eux autant que mon âge le comporte, je désirerais cependant quelques distractions intellectuelles, et j'ai osé leur exprimer ce désir.

Mon bon père prétend que l'on trouve à Paris la réunion, la quintessence de tout ce qu'on irait chercher de plus remarquable sur divers points du globe: souvenirs, monuments, beaux-arts, littérature, etc. J'en conviens, et j'ai visité avec lui, non sans un vif intérêt, nos palais avec leurs jardins publics, nos musées et nos bibliothèques. Rien n'y manque que l'air et l'aspect des merveilles de la nature, si grandiose dans ses forêts, ses hautes montagnes et les plaines liquides de l'océan. Voilà ce que je voudrais contempler, et ce qui n'est pas à ma portée. Ma bonne mère m'a enfin comprise.

— Remettons, a-t-elle dit, à l'hiver prochain la suite de nos promenades parisiennes; et puisque notre position nous interdit le sacrifice d'un grand voyage, donnons au moins à cette enfant le plaisir de quelques excursions dans les environs de ce Paris, si resserré, quoique sa ceinture vienne d'être dilatée. Franchissons de temps en temps les limites étroites du département de la Seine pour nous transporter dans celui de Seine-et-Oise qui l'enveloppe de toutes parts. Là, sans effort impossible, et sans beaucoup nous éloigner, nous montrerons à Joséphine quelques-uns des splendides tableaux qu'offre aux touristes notre France. Ce que Russes, Anglais, habitants de toutes les provinces viennent contempler à grands frais et préfèrent aux horizons de leur patrie, nous l'avons, nous, sous la main. Profitons-en donc, mon ami, et daigne recommencer en faveur de ta fille ce que tu fis jadis pour moi, jeune femme, le sacrifice de certains jours de travail pour venir avec nous respirer l'air pur et vivifiant des forêts et des coteaux, au milieu desquels serpente la Seine.

— Je le veux bien, répondit mon père, et je suis d'autant plus porté à vous conduire dans ces beaux lieux, qu'aujourd'hui les chemins de fer rendent ces pérégrinations beaucoup plus aisées qu'autrefois. Nous n'en avons pas moins de huit qui, partant de Paris, leur point central, comme du cœur sortent les artères qui font circuler la vie dans tout l'organisme, convergent en tous sens et enveloppent, comme d'un réseau, la France entière, à commencer par le département de Seine-et-Oise. Prenons, je le veux bien, tantôt l'une, tantôt l'autre de ces voies nouvelles ouvertes par la science et l'industrie aux besoins et aux plaisirs de l'humanité ; mais, je vous en prie, ne choisissons pas pour cela un dimanche, car ce jour-là, campagne et voiture, sont inondées d'une foule incommode, composée de gens que l'attrait des plus grossiers plaisirs, bien plus que celui de contempler la nature, attire dans toutes ces directions et dont la rencontre inévitable troublerait le calme dont nous voulons jouir.

Tu peux penser, ma chère, si j'acceptai avec empressement une telle proposition.

— Oh! merci, m'écriai-je, en sautant au cou de mes bons parents ; mais hâtons-nous, profitons des longs et beaux jours ; quand nous mettrons-nous en route?

— Cette semaine, si vous voulez, répondit mon père ; par quelle ligne voulez-vous commencer ?

— Par celle de Versailles, ce me semble ; le chef-lieu a droit à notre première visite. Ce sera encore la ville, il est vrai, et qui plus est une capitale, mais il faut la connaître.

— D'ailleurs, pour s'y rendre, on traverse des sites ravissants.

— Allons, à Versailles, c'est convenu !

Je t'enverrai, ma chère Julie, la relation de ce voyage dont je me promets tant de plaisir. Ce sera le doubler, par le souvenir en même temps que par la douceur que j'éprouve à m'entretenir avec toi.

Joséphine.

II

CHEMIN DE FER DE VERSAILLES, RIVE GAUCHE : MEUDON, BELLEVUE, SÈVRES. — UN FAIT PROVIDENTIEL.

Voici donc, ma bonne Julie, la petite relation annoncée : pourra-t-elle t'intéresser ? Je ne suis pas sans crainte à cet égard. Saurai-je représenter ce qui m'a frappée, et les couleurs empreintes dans ma mémoire ne feront-elles pas faute à mon pinceau ? Essayons cependant, et comptons un peu sur l'indulgence de l'amitié.

Suis-moi : nous partons par une des plus riantes matinées du printemps, nous prenons le chemin de fer de Versailles, rive gauche, à la gare du Mont-Parnasse. Tu vas me demander sans doute quelle relation existe entre ce chef-d'œuvre industriel et la montagne chère aux muses, mais je t'étonnerai davantage encore en t'apprenant que, dès longtemps, un cimetière voisin, ayant usurpé ce nom l'avait donné à tout le quartier ; si bien que pour le peuple de Paris, Mont-Parnasse ne rappelle que l'idée de la mort et du champ où dorment ses ancêtres.

Comme nos investigations n'ont pas actuellement Paris pour objet, hâtons-nous de fuir, après avoir traversé Plaisance, qui mérite peu son joli nom. Après la première station, celle de Clamart, où mes yeux charmés commencent à parcourir de verdoyantes ondulations de terrain, nous pénétrons dans le département de Seine-et-Oise.

Nous parcourons une assez longue tranchée qui me fait penser aux travaux de nos pauvres soldats, quand ils faisaient le siége de Sébastopol ; tout à coup, un panorama merveilleux s'offre à ma vue : nous traversons un viaduc construit sur une charmante vallée appelée *le val de Fleuri*. Étroite et encaissée vers l'est, elle s'élargit considérablement du côté opposé, où l'horizon des plus étendus laisse apercevoir un paradis terrestre, qui inspire le regret de ne pouvoir l'analyser, à cause de la rapidité de la course. Nous voici presque aussitôt à la station de Meudon ; ici nous mettons pied à terre, l'antique village des Celtes méritant bien d'occuper un peu notre attention.

Pendant que nous gravissions la côte qui conduit

au château, au-dessous duquel le bourg est bâti, mon père nous apprit que l'étymologie la plus probable de Meudon est celle qui fait dériver ce nom de deux mots celtiques : *mol* poussière, et *dun* hauteur. Des chartes du XII° et XIII° siècle l'appellent *Meodum, Modunum, Meudum*. Ces lieux couverts de bois ont été probablement consacrés au culte druidique, ainsi que l'attestent des dolmens découverts depuis environ une quinzaine d'années. Des titres du temps de Childebert témoignent que ce prince donna la propriété de Meudon à l'abbaye de Saint-Vincent, depuis Saint-Germain-des-Prés. Inutile de retracer ici les noms des principaux seigneurs qui l'ont possédée ensuite ; disons seulement que Louis XIV l'ayant achetée à la veuve de Louvois, la céda au dauphin son fils en échange de Choisy.

A côté de l'ancien château, ce prince dont les goûts étaient fort modestes, en fit construire un plus petit pour sa résidence. On rapporte que Louis XIV qui aimant le grandiose, n'en fut pas content, et reprocha à son fils de s'être bâti une maison plus semblable à celle d'un riche financier qu'à celle d'un grand prince. Effectivement, ce château, le seul des deux qui subsiste aujourd'hui, m'a produit la même impression ; mais loin d'en faire un tort au dauphin, je serais assez de son goût. De beaux jardins plantés par Le Nôtre, qui sut tirer parti des défectuosités même du terrain, une terrasse dont on découvre une vue admirable, voilà de quoi passer des jours dignes d'envie. Là, le prince vécut aussi obscurément que son rang le pouvait permettre. C'est là que mademoiselle Choin, sa seconde épouse, fut ce que madame de Maintenon était à Versailles. L'intérêt ni l'ambition n'avaient aucune part dans son affection pour le dauphin, qu'elle fixa sans doute par ses qualités morales, n'ayant, suivant le témoignage de Saint-Simon, ni beauté, ni grâces, ni jeunesse lorsqu'il l'épousa. Elle avait l'art de se faire aimer de tout le monde. Le roi, qui avait d'abord été mécontent de cette union, finit par offrir à cette dame un appartement à Versailles ; mais elle refusa et continua de vivre loin de la cour. Le dauphin, ayant fait un testament en sa faveur, elle le força de le déchirer en lui disant : « Tant que je vous conserverai, je ne puis manquer de rien, et si j'avais le malheur de vous perdre, mille écus de rente me suffiraient. » Le dauphin mourut à Meudon de la petite vérole, en 1711, âgé de cinquante ans. Mademoiselle Choin se retira alors dans son ancien appartement de Paris, où elle vécut encore une vingtaine d'années, dans l'exercice de toutes sortes de bonnes œuvres.

L'aîné des fils de Louis XVI, enfant valétudinaire et rachitique, mourut aussi à Meudon, en 1789, à l'âge de neuf ans, heureux d'échapper ainsi aux mauvais traitements dont son jeune frère fut bientôt la victime.

Napoléon ayant fait réparer la résidence royale de Meudon, Marie-Louise l'habita de prédilection pendant les campagnes de son époux. Plus tard, le château de Meudon fut habité par Dom Pedro, ex-empereur du Brésil ; le feu prince Jérôme, oncle de l'empereur Napoléon III, y fit sa résidence d'été dans ces dernières années.

Sur la terrasse du château, nous avons pu considérer un de ces dolmens dont je viens de parler. Les gens du pays assurent que, lors de cette découverte, on a trouvé en même temps une quantité d'ossements humains. On sait que les druides offraient à leurs dieux des victimes humaines, et voilà cette religion à laquelle quelques-uns de nos modestes philosophes voudraient nous ramener !...

L'église de Meudon est très-jolie. Le fameux Rabelais fut, pendant deux ans, curé honoraire de cette paroisse ; mais il n'en a jamais rempli les fonctions, heureusement pour ses paroissiens.

Nous avons pénétré dans le bois de Meudon, délicieux de fraîcheur et de solitude, mais nous n'avons pu nous y arrêter longtemps.

Une magnifique avenue, bordée de maisons de campagne, relie Meudon à Bellevue. Bellevue n'est pas un village, mais une réunion d'élégantes villas, annexes de Meudon, construites sur l'emplacement du château et du parc qui, après avoir appartenu à madame de Pompadour, furent donnés par Louis XVI aux princesses ses tantes, filles de Louis XV. Jamais lieu de plaisance ne justifia mieux son nom.

Aujourd'hui, le chemin de fer de Versailles traverse Bellevue, et c'est près de là qu'arriva, le 8 mai 1842, la plus affreuse catastrophe qui ait jamais eu lieu sur aucune voie ferrée: c'était au retour d'une fête, les grandes eaux jouaient à Versailles et y avaient attiré un si grand nombre de Parisiens, qu'à l'heure du retour on crut devoir atteler au train deux locomotives. La rapidité de cette double impulsion fut telle, que les conducteurs ne purent la maîtriser; tous les wagons, culbutés les uns sur les autres, furent broyés et brûlés avec presque toutes les personnes qu'ils contenaient, lesquelles périrent dans des tortures atroces. De ce nombre se trouva l'amiral Dumont-Durville, revenu sain et sauf de plus d'un périlleux voyage autour du monde; avec lui étaient son enfant et sa jeune femme, cette Adeline dont il avait donné le nom à une des terres australes par lui découvertes. En vain les parents des victimes cherchaient parmi ces débris calcinés les restes de ceux qui leur avaient appartenu. Parfois cependant un pied chaussé d'un élégant brodequin, une main aristocratiquement gantée, gisant instacts et isolés, n'attestaient que trop le triste sort de ceux qu'on n'avait pas vus reparaître.

Un bien petit nombre des voyageurs échappèrent à ce désastre. J'ai entendu citer deux jeunes gens qui portaient sur eux la médaille de Marie, et qui, mettant en elle leur confiance, furent miraculeusement préservés.

Un monument commémoratif a été érigé en cet endroit à la mémoire des malheureuses victimes. C'est une petite chapelle gothique de plan triangulaire d'où s'élèvent trois clochetons, surmontés d'une croix, au milieu desquels figure l'image de la Mère de miséricorde, sous le vocable de Notre-Dame-des-Flammes. Là se dit une messe tous les ans le jour anniversaire de ce douloureux événement.

Quittant ce lieu funèbre, nous avons suivi le pavé des Gardes descendant vers le Bas-Meudon qui fait partie de la paroisse de Bellevue, située au sommet du plateau.

Saurai-je te décrire, ma chère amie, le ravissant paysage que l'œil embrasse de cet endroit ?

Jamais peintre ne trouva tableau si digne de son pinceau; ma mère se rappela l'avoir vu en 1826, figurer au diorama de Daguerre et Bouton. Qu'est devenue cette peinture ? elle a été effacée par d'autres, elle n'existe plus, sans doute; mais l'original, cette œuvre du Créateur, est toujours dans tout l'éclat de sa fraîcheur et de sa beauté. Figure-toi, sous nos pieds la Seine, décrivant une courbe et embrassant dans ses contours des îles tout empourprées par la profusion de coquelicots dont elles étaient couvertes. Au second plan, Billaucour, Saint-Cloud, avec les magnifiques ombrages de son parc, et Boulogne, couronné du bois qui porte son nom; à gauche, le pont de Sèvres; à droite, Paris, dont les monuments élevés se dessinent sur l'azur du ciel, et au fond Suresnes, le Mont-Valérien, Montmartre et Montmorency. Je ne saurais te rendre l'effet de tout cet ensemble que je considérai à loisir et dont je ne pouvais détacher mes regards.

— Ceci, disais-je, doit être un des plus beaux points de vue du monde, sans doute il est impossible de rien voir de plus riant, de plus enchanteur?

— Ainsi que les apôtres sur le Thabor, je dirais volontiers: plantons ici nos tentes, ajouta ma mère extasiée.

— Que serait-ce donc, interrompit mon père, si vous connaissiez le trésor moral que recèle le Bas-

Meudon. Ici vit un sage, un de ces hommes accomplis dont le Ciel gratifie rarement la terre : c'est à la fois un savant, un saint, un homme du monde d'une grâce exquise et un patriarche dont la généreuse hospitalité soulage et console bien des souffrances. Il a entrepris de moraliser ce coin de terre, habité par une population des plus perverses, qui commence à profiter de ses soins. Il y a fondé et entretient à ses frais plusieurs écoles et d'autres institutions de bienfaisance, et si Dieu seconde ses nobles projets, un moment traversés par de violentes épreuves héroïquement supportées, il ramènera l'âge d'or dans ce canton, où il y a encore pour cela beaucoup à faire.

Nous avons eu le bonheur, Julie, de serrer la main de cet homme de bien, dont je ne te dirai le nom qu'à l'oreille, par respect pour son humilité chrétienne.

Après avoir visité la verrerie et les carrières à craie du Bas-Meudon, nous avons dirigé nos pas vers Sèvres en longeant d'un côté la Seine, de l'autre une belle terrasse, reste de l'ancien parc de Bellevue qui s'étendait jusques-là, et dont un pavillon appelé Brinborion subsiste encore. Laissant à notre droite le beau pont construit par Napoléon Ier, en 1808, et héroïquement défendu en 1815, contre les Anglais et les Prussiens par les habitants de Sèvres, nous atteignîmes bientôt la célèbre manufacture de porcelaine dont la réputation est universelle. On y a formé une collection, ou musée, contenant des échantillons de tous les produits de cette manufacture depuis sa création. On trouve aussi à Sèvres d'immenses caves, qui ont été autrefois des carrières ; elles ont la propriété de bonifier les vins. On nous a fait visiter celle qui fut appelée la cave du roi ; elle est divisée en trente parties par d'immenses galeries dont sept aboutissent à un point central ; elle peut contenir quinze mille pièces de vin.

Sèvres existait dès le sixième siècle et saint Germain y avait fait bâtir une église. C'est aujourd'hui l'un des bourgs les plus considérables des environs de Paris. Sa population s'élève à près de cinq mille ames. Encaissé entre les collines de Bellevue et le parc de Saint-Cloud, il s'étend surtout en longueur, et je crus que nous n'en verrions jamais le bout, d'autant plus que je commençais à être fatiguée.

— Voulez-vous venir vous reposer en Bretagne ? nous dit mon père.

— Il est vrai que nous sommes sur la route, interrompit maman, mais bien loin du but.

— Eh bien ! c'est ce qui vous trompe ; et je vais vous introduire chez un breton pur sang, un de ces héros qui, en 1815, illustrèrent le collége de Vannes, et fut l'un des chefs de cette troupe imberbe, issue de ceux que Napoléon appelait un peuple de géants. Au nombre d'environ cinq cents, les écoliers qui étaient en état de porter les armes, ayant à leur tête Nicolas pour capitaine et Bainvel pour lieutenant, vont joindre l'armée des Chouans et gagnent la bataille de Sainte-Anne. A Muzillac, le 11 juin 1815, le brave Nicolas tombe frappé mortellement dans les bras de son ami Bainvel qui, surmontant sa douleur, prend à son tour le commandement et repousse glorieusement l'attaque du général Rousseau. Décoré à cette occasion de la croix de la légion d'honneur, l'écolier de Vannes prit alors du service dans l'armée et y demeura sept ans; puis il s'est engagé dans les ordres sacrés, et c'est lui qui est aujourd'hui le vénérable curé de Sèvres.

Comme mon père finissait ces mots, nous étions arrivés à la porte du presbytère, où nous reçûmes du soldat-pasteur l'accueil le plus cordial. Te répèterai-je tous les récits puisés dans son expérience de prêtre et de militaire ? Non, je ne saurais, excepté un seul fait, un fait providentiel qui selon moi efface tous les autres. Brizeux l'a reproduit dans ses chants, et l'on pourrait le prendre pour une légende composée avec art, si nous ne l'avions entendue de la bouche du héros de l'histoire lui-même. Oh! pour celle-là, ma Julie, je ne l'en ferai pas grâce.

Le 21 juin, le premier jour de l'été, jour auquel la nature est une fête, était depuis vingt ans un jour de deuil et d'expiation pour M. Bainvel. Eh quoi ! qu'avait-il donc à se reprocher ? n'avait-il pas combattu loyalement pour la cause de Dieu et le bon droit de son prince en ce jour d'héroïque mémoire, quoique lui et les siens eussent été cette fois trahis par la fortune et accablés par le nombre de leurs adversaires ? Non, le front du soldat écolier n'eut aucun sujet de rougir ; jamais une lâcheté ne ternit ses lauriers, ni une cruauté ne souilla sa victoire; mais en ce jour anniversaire d'un déplorable combat, il avait eu le malheur, se trouvant dans le cas de légitime défense, de voir un tout jeune homme, écolier comme lui, un enfant presque, tomber victime d'un trop bouillant courage sous ses coups qu'il eût voulu pouvoir lui épargner. Peu s'en est fallu que Bainvel ne succombât lui-même dans cette lutte et ne parût au tribunal de Dieu où il avait envoyé l'ame de ce jeune homme, si intéressant, si peu préparé peut-être... Ah ! voilà pourquoi le 21 juin est un jour de deuil pour le curé de Sèvres, pourquoi son autel est tendu de noir et sa messe une messe de mort.

Avant de célébrer les saints mystères de la rédemption, il prend en ce jour un soin particulier de purifier encore son ame déjà si pure. Levé dès les premières heures de cette aurore qui interrompt si tôt la plus courte des nuits, il parcourt les allées solitaires des bois d'alentour, sondant sa conscience et offrant à Dieu sa vie entière pour le salut de l'enfant qui fut sa victime.

Vingt ans se sont passés depuis cette époque, qui laisse au prêtre de si poignants regrets. Selon sa coutume annuelle, sa matinale douleur, que le temps n'a pu calmer, l'a conduit, tout pensif, dans les sentiers ombreux du bois de Meudon. Là, il fait rencontre d'un voyageur muni de tout le bagage d'un artiste et parcourant ces beaux lieux pour les retracer sur son album. A l'aspect d'un prêtre se promenant un bréviaire à la main, le peintre pense qu'il ne peut mieux s'adresser pour les renseignements dont il a besoin sur les sites pittoresques du pays, et les chemins qui y conduisent : le pasteur lui répond avec sa courtoisie ordinaire, et la conversation s'engage. A propos de paysage on parle de la Bretagne; l'artiste la connaît et l'aime aussi; pourtant la Bretagne a failli lui être fatale, et il y a vu la mort de près. C'était dans les cent jours, sous les remparts d'Auray. Ce nom seul réveille tous les troubles, un moment oubliés de M. Bainvel

L'artiste lui raconte comment, étudiant à Rennes, il s'est armé dans ce temps de discordes civiles, égaré par l'exaltation naturelle à son âge et s'est enrôlé parmi les fédérés, quand un engagement eut lieu à Auray entre sa troupe et celle des écoliers de Vannes, dont le chef, ayant failli périr de sa main, lui avait fait à son tour une blessure qui l'étendit pour mort et dont il eut longtemps peine à se rétablir.

O joie, ô providence! le mort tant regretté n'était autre que l'artiste vivant et parfaitement bien portant pour lequel tant de messes mortuaires avaient déjà été célébrées. Elles auront profité à d'autres; je te laisse à penser de quel fardeau fut tout à coup délivré le cœur du bon prêtre! quels transports, quelles accolades se donnèrent à la fois victime et meurtrier quand, se reconnaissant enfin, ils tombèrent dans les bras l'un de l'autre.

Les ornements noirs firent place à la décoration des jours de fête; le pasteur y ajouta les plus riches fleurs de son jardin, en signe d'allégresse.

Un joyeux *Gloria*,
Sur lequel le pasteur avec force appuya,
Témoignait que la paix si longtemps attendue,
La paix à son esprit était enfin rendue.

On peut penser que sainte Anne d'Auray et l'auguste Fille de qui lui vient toute son illustration eurent aussi leur large part d'actions de grâces pour une protection aussi signalée.

Que des gens laissés pour morts en réchappent et vivent encore longtemps, cela se voit quelquefois ; mais les circonstances dans lesquelles cette révélation s'est ici produite en font une des plus touchantes aventures que j'aie entendues de ma vie.

Je voudrais, ma chère amie, m'arrêter plus longtemps au presbytère de Sèvres, mais il est temps de regagner notre chemin de fer, qui, en passant par Châville et Viroflay, laboure presque constamment le penchant de côtes boisées, pendant qu'à droite s'étendent de magnifiques vallées; nous entrons à Versailles par une gare bordée de fleurs. Mais il est tard, le repos nous réclame, et nous allons loger à l'hôtel des Réservoirs, remettant au lendemain nos excursions dans la ville de Louis XIV.

III

VERSAILLES, TRIANON, SAINT-CYR, SAINT-CLOUD.

On ignore l'origine du nom de Versailles mentionné par quelques chartes à partir du X⁰ siècle. A la fin du XVI⁰, ce n'était encore qu'un hameau, environné de bois et d'étangs. Sur l'emplacement qu'occupe aujourd'hui le château, un moulin et une chaumière, servant parfois d'abri aux chasseurs, eurent l'insigne honneur, par une belle soirée d'automne, de recevoir le roi Louis XIII et sa suite. Emporté par l'ardeur de la chasse, le monarque s'étant égaré dans les bois voisins, atteignit, non sans peine ce gîte rustique, où la fatigue lui procura un doux sommeil qui le fuyait souvent au sein de ses palais. Ses gens et ses chiens s'abritèrent pêle-mêle dans un cabaret du voisinage: c'était l'unique hôtellerie de Versailles.

Le lendemain matin, au point du jour, le roi

s'apprêtant à quitter le toit hospitalier du meunier, fut frappé de la beauté des paysages qui s'offraient à sa vue ; il admira les coteaux de Satory, les vallées, les collines voisines ; un air frais et pur vint apporter jusqu'à son ame une impression de bonheur qui ne lui était pas familière. Sa vie languissante, remplie d'une tristesse qui l'accablait par moments, sembla se ranimer ; et il songea que s'il avait à Versailles une modeste habitation où il pût venir se délasser des tracasseries de la cour, il pourrait encore goûter quelque plaisir à vivre.

Louis XIII se contenta d'abord de faire construire en cet endroit un petit pavillon simple et élégant, pour servir de rendez-vous de chasse; ce ne fut que quelques années plus tard que ce pavillon prit les proportions d'un modeste château qui depuis a servi de noyau aux immenses constructions ordonnées par Louis XIV.

Autour du château de Louis XIII se groupèrent quelques maisons de plaisance; ainsi se forma et s'agrandit la ville sur un plan donné et régulier.

Né au château de Saint-Germain, Louis XIV, qui y passa son enfance, le prit, dit-on, en dégoût à cause de la proximité de Saint-Denis. Cette nécropole des rois de France, dont on apercevait de là les flèches élancées. Celui qui devait plus tard s'étonner de trouver la mort si douce, la craignait-il tellement dans la fleur de sa jeunesse qu'il ne pouvait rien supporter qui lui en rappelât la salutaire pensée? Quoi qu'il en soit, Saint-Germain fut abandonné pour Versailles, mais cette résidence étant trop petite pour les goûts magnifiques du brillant monarque ne tarda pas à se transformer sous son inspiration.

Je l'ai vu, ce château où tout rappelle le grand siècle et le grand roi. Je croyais y voir errer son ombre et celle des personnages célèbres qui composèrent sa cour. C'était dans ces jardins grandioses qu'il donnait des fêtes splendides. C'est là que la douce La Vallière, faite pour n'aimer que l'éternelle beauté, essayait en vain d'étouffer ses remords et de se dissimuler des mécomptes, jusqu'à ce qu'elle eût le courage de renoncer à la faveur d'un prince inconstant et mortel pour s'assurer une place dans le royaume céleste. C'est ici, que la grave Maintenon, n'usant de son crédit que pour porter le roi à la vertu, traînait avec une résignation qui lui échappait parfois, le fardeau des grandeurs, plus lourd que celui de ses misères passées. Ici encore, l'élève de Fénelon faisait rayonner aux yeux de la France l'aurore d'un bonheur dont elle ne devait point jouir. — Puis la scène change : je détourne avec dégoût mes regards des débauches de Louis XV et de ses viles favorites, pour les reporter sur la pieuse Marie Leczinska et ses enfants. Encore un prince trop tôt ravi à la France qui n'en était pas digne. Encore une ame d'élite qui s'élance avec bonheur du sein de cette cour corrompue dans l'austère cloître des carmélites ; cette fois, c'est l'ange de l'innocence et non celui du repentir qui l'y conduit : madame Louise s'offre en holocauste pour le salut de son père, et les mérites de la sainte servent de contre-poids, il faut l'espérer, aux péchés du vieux libertin qui fait bien tardivement son *meâ culpâ*, léguant à son successeur toute la tâche de l'expiation. Voici venir le roi-martyr, ce prince qui fut *le plus honnête homme de son royaume*, et qui n'y fut pas plus compris que le Christ ne l'avait été de la perverse Judée. Sa jeune compagne, un moment oublieuse des vicissitudes des trônes, ne ramène ici les grâces et les plaisirs décents que pour y voir bientôt succéder le sang et les larmes. La persécution et la mort élèvent ces deux époux aux proportions les plus héroïques ; leur sœur Elisabeth, ange de pureté et de dévouement, partage volontairement leur sort, et leur fils infortuné n'échappe au malheur d'être roi que pour subir toute l'agonie des tortures les plus raffinées.

Ainsi qu'une veuve inconsolée, Versailles se drapa dans son deuil pendant plus de quarante ans. En vain des jours moins sombres ont succédé aux massacres révolutionnaires, en vain plusieurs monarques se sont succédé sur l'antique trône de saint Louis, le désastre subi par le palais de Versailles était trop grand pour être facilement réparé; Napoléon, Louis XVIII, Charles X, eurent bien la pensée de lui rendre son ancienne splendeur, mais ils ne purent la réaliser. Louis Philippe, peu digne d'éloges à tant d'égards, eut cependant le mérite de cette belle intreprise, qu'il sut mener en peu de temps à bonne fin. En transformant ce palais en un vaste musée historique, consacré à toutes les gloires de la France, il a acquis au moins un titre à la sienne, et à la reconnaissance des Français.

Sans doute, Julie, tu n'attends pas seulement de moi mes impressions au sujet de cette somptueuse demeure de nos rois, tu comptes aussi sur une description qui t'en donne une légère idée; je crains de ne pouvoir que très-imparfaitement te satisfaire : esssayons un peu cependant.

L'avenue principale qui, de l'ancienne route de Paris, amène à ce château est formée de quatre rangs d'arbres, aboutissant à une place dite Place d'armes, à laquelle viennent se joindre également deux autres avenues parallèles entre les deux quartiers de la nouvelle ville. En face, une grille richement ornementée donne accès de cette Place d'armes sur l'avant-cour du château, précédant une seconde cour, nommée cour des ministres, resserrée entre deux ailes de construction plus récente que le bâtiment principal. Après avoir traversé cette seconde cour, on arrive à la cour de marbre plus étroitement resserrée entre les deux ailes de ce qui fut l'ancien château de Louis XIII ; l'avant-cour est ornée de statues gigantesques représentant plusieurs de nos grands hommes. Ce n'est pas de ce côté qu'il faut le plus admirer le château. Traversons-le et contemplons son autre façade du côté du parc ; c'est là que se développent ses proportions élégantes et grandioses, sur une étendue de mille mètres, les deux ailes comprises ; la pente du parterre et des jardins est ménagée de façon à isoler pour le regard l'aspect de l'édifice et à en faire ressortir les grandes dimensions. En perspective, au bout d'une large pelouse, derrière une vaste pièce d'eau se déroule un immense horizon, encadré à droite et à gauche par les collines boisées de Saint-Cyr et de Marly.

Le château étant construit sur un plateau peu élevé, un excellent parti a été tiré des accidents du terrain. Au sud le parterre est coupé par une balustrade élevée de l'est à l'ouest ; de cette terrasse le regard plonge sur l'orangerie où l'on descend par un double escalier de cent marches, merveille souvent citée entre tant de merveilles. La route qui borne le parc de côté est dissimulée de manière à voir une continuation des jardins dans la pièce d'eau des Suisses et dans les bois de Satory qui couronnent cet horizon. Au nord, une large allée, appelée l'allée d'eau, bordée de charmilles, décorée de statues et de vases, conduit, par une pente douce et gazonnée, à un splendide bassin qui sert de cadre au groupe en bronze connu sous la dénomination de triomphe de Neptune. Il faut encore citer le bassin de Latone, qui sépare le parterre du tapis vert, et le bassin d'Apollon à l'extrémité du parc, entre le tapis vert et le grand canal... Mais tu n'attends pas sans doute de moi une description détaillée de tous ces bosquets et de tous ces groupes mythologiques. Il y a ici, je te l'avoue, beaucoup trop d'art à mon gré, et je préfère les ombrages du bois de Meudon à toutes ces allées tirées au cordeau et à ces charmilles si régulièrement taillées. Enfin, c'était le goût de l'époque, l'expression majestueuse du grand siècle.

Je ne te décrirai pas non plus les magnifiques salles du château, ni les peintures qui les décorent ; il faudrait pour cela des volumes. Disons cependant un mot du grand escalier dont la beauté est célèbre. C'est du haut de ces marches qu'appuyé sur la balustrade en marbre, Louis XIV, qui possédait au plus haut degré le mérite de savoir dire à propos des choses gracieuses, adressait ces paroles au grand Condé, qui affaibli par l'âge et les blessures ne montait que lentement : « Mon cousin, ne vous pressez pas ; on ne peut pas monter très-vite, quand on est chargé comme vous de tant de lauriers. »

Une des choses qui m'a le plus frappée, c'est la chambre à coucher où vécut et mourut un roi qui eut tant de caractères de grandeur, en dépit de ceux qui veulent abaisser sa mémoire. Cette chambre a été rétablie à peu près telle qu'elle était quand il l'habitait. On a heureusement retrouvé la plupart des meubles qui l'ornaient : le lit brodé par les élèves de Saint-Cyr, le prie-Dieu, la table et l'écritoire, la balustrade dorée et infranchissable près de laquelle se tenait le capitaine des gardes ; les quatre évangélistes au-dessus de la porte, et enfin le buste de la bonne reine Marie-Thérèse, dont la mort fut le premier chagrin qu'elle causa à son époux.

J'ai aussi particulièrement remarqué le salon de la Reine. Cette pièce est du petit nombre de celles qui ont toujours conservé leur destination. C'est là que se tenait le cercle de la Reine, et que les personnes célèbres des divers règnes ont brillé par les grâces de la beauté et de l'esprit, par la parure et l'envie de plaire. Les hôtels de Rambouillet et de Richelieu s'étaient concentrés dans ce salon. Après la mort de la reine Marie-Thérèse, la duchesse de Bourgogne égaya encore quelque temps ce salon qui n'eut plus, sous Marie Leczinska et même sous Marie-Antoinette, qu'une froide représentation.

J'ai visité la salle de spectacle où les chefs-d'œuvre de Corneille et de Racine se faisaient entendre aux oreilles du monarque, alternativement avec les scènes plaisantes de Molière et les accords de Lulli. J'ai médité sur le néant des grandeurs humaines dans cette chapelle où Bossuet, Massillon et Bourdaloue, faisaient entendre leurs voix éloquentes.

J'ai été également saisie d'un pieux respect en parcourant les appartements de madame de Maintenon, cette autre reine qui, sans autre adresse que sa vertu, s'éleva du sein de la misère au faîte du pouvoir dont elle n'usa jamais qu'avec modération. J'ai contemplé avidement son portrait peint par Rigaud, qu'on dit le plus ressemblant. Madame de Maintenon avait près de cinquante ans quand elle épousa le roi; ce portrait tout beau qu'il est ne peut donner qu'une idée imparfaite des nobles traits de cette femme célèbre.

Passons sous silence la salle des Croisades toute

resplendissante des écussons armoiriés et la galerie des batailles, autre magnificence indescriptible.

Dans l'impossibilité de tout voir, de tout analyser, dans l'œuvre si célèbre de Mansard et de la Quintinie, enrichie des travaux de Mignard, de Girardon, etc., transportons-nous tout de suite au petit Trianon, annexe de la résidence royale que nous venons de parcourir. Ici tout rappelle le souvenir de Marie-Antoinette, qui s'était plu à orner cette demeure dans un goût tout différent de ce que nous venons de voir.

A l'extrémité du parc de Versailles, Louis XIV avait bâti le grand Trianon pour y chercher parfois une retraite paisible. Louis XV éleva, dit-on, le petit Trianon pour échapper à l'étiquette. L'édifice bâti par l'architecte Gabriël est d'une architecture élégante et forme un pavillon carré de vingt-trois mètres à chaque face. En avant des bâtiments, à gauche, sont les logements accessoires; sur la droite commence le jardin anglais, dessiné par Robert, et l'un des plus agréables qui existent, par la manière dont il est tracé et la beauté des arbres rares qui le composent.

En sortant du palais, du côté de l'ouest, on trouve un rocher couvert de plantes, d'arbres, et de fleurs; par là on arrive à un pavillon octogone, situé au-dessus d'un précipice. Au delà est une nappe d'eau et un petit hameau, célèbre dans les annales de la cour au XVIIIe siècle. Ce hameau, créé par Marie-Antoinette et particulièrement affectionné par elle, comprend, dans des proportions réduites, tout ce qui constitue un village : la ferme, le presbytère, la laiterie, etc., tout cela orné et meublé à l'intérieur avec beaucoup d'art. Le plaisir de la reine était de passer quelques heures dans ce lieu, habillée en paysanne et jouant à la laitière avec les dames de sa cour.

Ce goût de bergerie et d'imitation des mœurs rustiques était fort en vogue à cette époque. La tour de Malborough est également un tribut payé à la mode du temps. Il n'y avait pas un jardin de quelque importance, qui n'eût alors sa tour de Malborough, et l'origine de cette mode tient à la chanson que tout le monde connaît et qui était alors une nouveauté non moins connue que ne l'ont été dernièrement le sire de Framboisy et les Bottes de Bastien. Voici à quelle occasion :

L'aîné des fils de Louis XVI, celui qui, pour son bonheur, mourut à neuf ans, était d'une santé si débile qu'on désespéra souvent de pouvoir l'élever. Tous les moyens furent essayés pour fortifier son tempérament, entre autres celui de lui donner pour nourrice une robuste paysanne de préférence aux grandes dames qui briguaient cet honneur.

On fit donc venir une grosse campagnarde, trop rustique pour avoir seulement l'idée de l'étiquette et pour même se trouver fort embarrassée devant une aussi auguste compagnie. Son royal nourrisson s'étant pris à pleurer, elle se mit en devoir de l'apaiser sans plus de cérémonie que s'il eût été son propre enfant en le berçant avec un chant importé de son village. C'était la célèbre légende de Malborough, telle que nous la connaissons avec ses cuirs et ses non-sens, composée sans doute par quelque troupier de Louis XIV, en guise de revanche de la bataille de Malplaquet. Cette chanson amusa singulièrement la reine qui rit à se tenir les côtes, et la fit souvent recommencer, ce qui suffit pour la mettre en vogue.

On voit également au petit Trianon le théâtre, où la jeune reine alors si folâtre et depuis si digne dans ses malheurs, s'exerçait à jouer la comédie. Elle voulut un jour y faire accepter un rôle à sa belle-sœur la comtesse de Provence, qui lui témoigna ne pas trouver cette occupation convenable pour une personne de son rang. Si je ne suis pas reine, ajouta-t-elle, répondant à une objection de Marie-Antoinette, je suis du bois dont on les fait. » Cette princesse avait raison. Louis XVI dansant dans les ballets et l'épouse de Louis XVI jouant un rôle dans le devin du village n'étaient pas à leur place, mais de ces faiblesses qu'on ne saurait nier, il ne faut pas déduire les autres reproches dont la calomnie a tenté de salir leur mémoire.

Voilà bien des digressions, ma Julie, mon abandon avec toi m'entraîne à en faire souvent. Il est temps de quitter ce charmant asile des grâces; mais auparavant, jetons un coup d'œil sur un groupe d'îles qui s'y trouvent réunies par des ponts en face desquelles s'élève un petit temple grec à colonnes corinthiennes, orné d'un groupe de marbre dû au ciseau de Couston.

Rendons-nous maintenant à Saint-Cyr, village remarquable à plus d'un titre qui touche également à Versailles, et tient son nom d'un saint enfant martyr à trois ans, avec sa mère Julite, nés à Icone dans l'Asie-Mineure. Il est peu probable que ces saints personnages aient été immolés aussi loin de leur pays, quoiqu'on ait prétendu que le nom de Villejuif vient également par corruption de celui de cette sainte, mais leurs reliques ont pu y être apportées, et cela doit être pour justifier au moins l'origine du nom de Saint-Cyr.

Pendant longtemps ce village, composé seulement de quelques maisons de paysans, au milieu desquelles était le château du seigneur, n'eut aucune importance. Il doit sa célébrité à la fameuse communauté qu'y fonda madame de Maintenon, pour l'éducation des jeunes filles nobles et sans fortune. La première supérieure de cette maison fut une religieuse ursuline, nommée madame de Brinon, dont la vie avait été traversée par autant de vicissitudes que puisse jamais en offrir aucune profession séculière. En se fixant à Saint-Cyr, cette dame se trouvait pour la huitième fois changée de situation, et toujours par des circonstances indépendantes de son choix. Aussi avait-elle été à même d'acquérir une expérience qui, jointe à ses vertus, devait la rendre éminemment propre à élever des jeunes personnes destinées au monde. Cependant, cette communauté de Saint-Cyr, où elle occupa longtemps et avec succès le premier rang, et où elle avait dû espérer vivre et mourir tranquille ne fut pas sa dernière étape; elle fut disgraciée et contrainte de se retirer à l'abbaye de Maubuisson avec une modique pension viagère. C'est par de pareilles épreuves que se perfectionnent les élus.

Saint-Cyr ne cessera jamais d'être célèbre; on se souviendra toujours que c'est là que la femme qui sut gouverner un de nos plus grands rois venait se délasser de ses grandeurs, elle qui, après avoir *goûté de tout*, trouvait tout si vain *qu'elle eût voulu être morte*. C'est là que Racine fit représenter Athalie et Esther qui semblent avoir été créés tout exprès pour prouver par quelles inspirations la piété sait féconder le génie. C'est là que se retira, après la mort du roi, cette favorite encore heureuse et respectée, car il lui restait le bien qu'elle avait fait.

La vie de madame de Maintenon offre une belle étude des voies de la Providence qui, du comble de l'humiliation, l'éleva au faîte des grandeurs. Cependant cette femme étonnante n'est pas de tous également goûtée. La vertu en honneur donna lieu de soupçonner l'hypocrisie, et la veuve de Louis XIV a eu des détracteurs aussi bien que des panégyristes. Les gens impartiaux doivent convenir qu'elle a eu constamment pour but d'employer son crédit à faire tout le bien possible, et la communauté de Saint-Cyr en est un monument incontestable.

Telles étaient les réflexions qu'échangeaient mon père et ma mère.

Cette masse de bâtiments tous pleins des souvenirs de la fondatrice, et où l'on voit encore son tombeau fut l'ouvrage du célèbre Mansard. Rien n'y est changé que la destination. Une partie des jardins est transformée en champ de Mars; le bruit du canon remplace les voix des jeunes filles; tout le monde sait que l'ancienne communauté de Saint-Cyr est aujourd'hui une école militaire.

Revenons à Versailles que nous nous disposons à quitter : la ville est digne, par la largeur et la régularité de ses rues et de ses boulevards et la beauté de ses hôtels, du palais qui la domine. Mais ces rues presque désertes offrent l'aspect d'une vaste cité dépeuplée par un fléau mortel. Ces hôtels construits pour les seigneurs de la cour et leur suite sont maintenant habités par de paisibles rentiers et des littérateurs qui ont besoin de calme. Il y a aussi de belles institutions religieuses, entre autres celle des dames de Saint-Augustin que nous avons visitée. Jamais couvent ne m'a paru plus riant, jamais religieuses plus affables. C'est une maison de santé où les maladies de l'âme sont aussi victorieusement combattues que celles du corps, et s'il faut, en dépit de tous les soins, y subir la loi commune de tous les hommes, on meurt au moins en excellente compagnie.

Tout est beau à Versailles, le séminaire, l'évêché, les églises. Dans l'une d'elles, celle de Saint-Louis, nous avons contemplé avec bonheur une belle statue de saint François de Sales, beaucoup trop négligé ce me semble à Paris, où il vécut et répandit tant d'édification.

Au retour de Versailles, par la rive droite, un mot seulement sur Saint-Cloud où nous fîmes une station : ce bourg doit son nom à Clodoald, fils de

Clodomir, échappé au poignard de ses oncles, Childebert et Clotaire. C'est dans cette retraite que le jeune prince se consola de la perte d'une couronne temporelle. Ses reliques, exposées à la vénération des fidèles, contribuèrent beaucoup à l'accroissement de ce village qui s'appelait autrefois Nogent. Dès 1218, il y avait là un pont sur la Seine. L'histoire ne dit néanmoins presque rien de Saint-Cloud jusqu'en 1358. C'est alors que les Anglais, unis au roi de Navarre, puis à différentes factions, y exercèrent successivement leurs fureurs. C'était un poste important qui fut plusieurs fois disputé. C'est à Saint-Cloud, dans la maison de Gondi, une de celles dont on forma plus tard le château, qu'Henri III fut assassiné. Louis XIV acheta le château de Saint-Cloud pour en faire don au duc d'Orléans son frère. Les architectes Giraud, Lepautre, Mansard, concoururent à faire cet édifice ce qu'il est aujourd'hui. Le Nôtre tira le parti le plus ingénieux de ce sol montueux et pittoresque ; aucun parc royal ne surpasse en agrément celui de Saint-Cloud ; son exposition sur le penchant d'une colline qui borde la rive gauche de la Seine, ses vues admirables, ses cascades, tout concourt à en faire un séjour délicieux.

Cette résidence qui avait été animée par les grâces de cette aimable Henriette d'Angleterre, duchesse d'Orléans, si rapidement moissonnée par la mort, appartint plus tard à Marie-Antoinette dont le sort fut plus déplorable encore. La célébrité du château de Saint-Cloud s'accrut encore par la révolution du 18 brumaire. Dans cette fameuse journée, Bonaparte s'emparant d'un pouvoir qu'il partageait avec le Directoire, demeura seul maître des destinées de la France. Et ce fut à Saint-Cloud que ce fameux coup d'État fut exécuté. Ce séjour de Napoléon devenu empereur fut encore embelli par lui et il y tint souvent sa cour. Mais, ô revirement des prospérités humaines, on vit, en 1814, l'état-major de l'armée autrichienne s'installer dans ce même palais, et, à la seconde invasion des alliés en 1815, le feld-maréchal prussien Blücher y établir son quartier général.

Enfin, ce fut à Saint-Cloud que Charles X signa les ordonnances qui ont servi de prétexte à la révolution de 1830.

Passant sous divers tunnels, dont un est situé sous le parc de Saint-Cloud, le chemin de fer m'a paru plus long à parcourir et moins agréable que celui de la rive gauche, et, somme toute, j'en reviens toujours aux coteaux de Bellevue et de Meudon vers lesquels je serai souvent attirée.

IV

APPRÉCIATION MORALE DES ENVIRONS DE PARIS. — UNE FAMILLE ANGLAISE. — SAINT-GERMAIN. — POISSY. — MEULAN. — MANTES. — ROSNY.

Ma chère Julie, tu n'es donc qu'à demi-contente de la relation de mon voyage à Versailles ? Tu te plains de ce qu'à mes descriptions et mes anecdotes historiques, je n'ai pas joint le récit de quelque petite aventure qui me fût personnelle. Ton amitié pour moi me paraît, je te l'avoue, trop exigeante ; qu'est-ce que ma petite personnalité, en présence de ces beaux sites et de ces palais fastueux ? Ne disparaît-elle pas complètement auprès de ces majestueuses évocations des siècles qui y ont laissé leurs augustes traces ? Oui, Julie, on se sent bien peu de chose, là où de si importants personnages ne sont plus que poussière et souvenirs; on se dit alors que bientôt nous disparaîtrons aussi de cette terre d'exil, que Dieu a bien voulu embellir pour égayer notre court passage, mais où ce n'est pas la peine de tant bâtir pour l'orgueil et la vanité. Faisons plutôt nos provisions pour le ciel, où Dieu nous réserve des splendeurs inconnues à ce monde, et des horizons que notre œil humain n'a jamais contemplés et que notre imagination ne saurait concevoir.

Voilà les réflexions que m'a suggérées notre petit voyage auquel, du reste, aucune intrigue ne s'est nouée, contre ton espérance. Mon roman, si c'en est un, se borne à avoir fait la connaissance d'une famille anglaise qui logeait à Versailles dans le même hôtel que nous et avec laquelle nous nous sommes rencontrés à table d'hôte. Cette famille a témoigné le désir de se lier avec nous et de nous accompagner dans d'autres excursions. Ma mère craint que ce ne soit plus gênant qu'agréable; mais nous n'avons pu nous refuser à tant d'empressement. Nous ne sommes cependant pas toujours d'accord, et, tout en évitant les sujets de discussion, nous soutenons franchement nos opinions quand le cas l'exige. Versailles et Saint-Germain sont remplis de ces Anglais à l'éducation desquels quelque chose manquerait, s'ils n'avaient résidé quelque temps en France: en contact avec des catholiques, ils doivent y perdre quelque chose de leurs préjugés religieux, et il arrive parfois qu'ils emportent dans leur patrie un germe salutaire qui peut fructifier plus tard. Malheureusement les Français ne leur montrent pas d'assez bons exemples, et beaucoup de catholiques, hélas! sont plus protestants que ceux qui portent ce nom.

Nos Anglais ont particulièrement été choqués du peu de respect de nos populations pour le jour du Seigneur ; chez eux, on l'observe avec un scrupule presque judaïque. Les habitants des environs de Paris sont encore moins religieux que les Parisiens eux-mêmes : au moins, la corruption de la capitale est balancée par l'élite de la plus haute piété.

L'irréligion du XVIIIe siècle a envahi les campagnes, mais la réaction n'y a pas encore exercé son influence, et l'ignorance rend cette moralisation d'autant plus difficile que l'intérêt matériel est l'unique mobile de la plupart de ces paysans, qui n'ont plus le respect des classes supérieures et ne cherchent qu'à exploiter, duper, voler le bourgeois et le parisien.

Voilà le triste tableau moral de ces environs de Paris, si beaux, si séduisants, où règnent de déplorables désordres.

Aujourd'hui, c'est à Saint-Germain que je te conduis par le plus ancien des chemins de fer qui rayonnent autour de Paris. Traversant le bois du

Vésinet, ce parcours de Paris à Saint-Germain est fort agréable.

Dès le temps de Louis-le-Gros, il y avait à Saint-Germain un château dont on ne connaît pas l'origine. Plusieurs rois de France l'habitèrent successivement. En 1247, saint Louis y donna l'hospitalité à Baudouin II, dernier empereur de Constantinople. Philippe-le-Bel le fit rebâtir en 1300. Mais à plusieurs reprises les Anglais y exercèrent de grands ravages, ainsi que dans la ville. En 1482, Louis XI, qui ne croyait pouvoir trop faire pour celui de qui il attendait la santé et la vie, fit don à Coytier son médecin de cette royale demeure et de toute la seigneurie de Saint-Germain-en-Laye. Mais après la mort de ce roi, le parlement révoqua la donation et restitua ce domaine à la couronne.

François Ier, dont les noces furent célébrées à Saint-Germain, aimait beaucoup cette retraite, qu'il fit rebâtir et orner avec une grande recherche; plus tard, il fit enclore de murs 416 arpents de la forêt, qu'on peupla de toute espèce de bêtes fauves, amenées de Fontainebleau.

Trois rois de France naquirent à Saint-Germain: Henri II, Charles IX et Louis XIV. C'est pendant un séjour qu'y fit Henri II, qu'eut lieu ce fameux duel de Jarnac et la Châtaigneraie, des suites duquel ce dernier mourut à l'âge de vingt-huit ans. Sa mort affligea tellement le roi qui l'aimait, qu'il jura de ne plus permettre de tels combats à l'avenir.

En 1574, lors des troubles de la ligue, Charles IX, ne se croyant plus en sûreté à Paris, se réfugia, avec toute sa cour, à Saint-Germain. L'esprit superstitieux de sa mère, à qui un astrologue avait prédit qu'elle mourrait à Saint-Germain, ne lui permit pas d'y rester longtemps. La prédiction se trouva néanmoins justifiée. Catherine de Médicis mourut aux Tuileries, sur la paroisse de Saint-Germain-l'Auxerrois.

Henri IV fit construire, à quelque distance de l'ancien château, une maison qu'on appela le Château-Neuf : c'est dans la construction de cet édifice qu'eut lieu, pour la première fois, l'application des principes hydrauliques propres à élever les eaux plus haut que leur source. Peu à peu, l'ancien château fut abandonné pour le château-neuf. Parmi les ornements dont ce dernier fut décoré, se trouvaient des bustes dont l'un ressemblait beaucoup au président Fauchet, auteur des Antiquités françaises et gauloises. Il sollicitait depuis longtemps une récompense pour ses travaux littéraires, et Henri IV, voulant s'en débarrasser, lui dit : « M. le président, j'ai fait mettre là votre effigie pour perpétuelle mémoire. » Fauchet répliqua par une pièce de vers qui commence ainsi :

> J'ai trouvé dedans Saint-Germain
> De mes longs travaux le salaire :
> Le roi, de pierre m'a fait faire,
> Tant il est courtois et humain.
> S'il pouvait, aussi bien, de faim
> Me garantir que mon image,
> Ah ! que j'aurais fait bon voyage !

Ces vers, dont le roi ne put s'empêcher de rire, valurent à Fauchet le titre d'historiographe de France, avec une pension de six cents écus, ce qui représentait bien six mille francs d'aujourd'hui.

Heureux temps où l'on obtenait une position au moyen d'un couplet ! Aujourd'hui des volumes ne suffisent pas.

C'est à Saint-Germain que Louis XIII fut attaqué de la maladie dont il mourut. Dans les intervalles de repos que lui laissaient ses douleurs, il se faisait porter sur le balcon du château pour admirer encore les beaux paysages qu'on aperçoit de ses fenêtres ; il y contemplait sans trouble sa dernière demeure, dont on découvrait au loin la flèche élancée, et parlait avec calme de sa fin prochaine. «Séguin, disait-il à son médecin, tâtez-moi le pouls et dites-moi, je vous prie, combien j'ai encore d'heures à vivre ; mais tâtez bien, car je serais bien aise de le savoir au vrai. » Ayant appris qu'il ne devait plus compter que sur deux ou trois heures au plus, le prince, joignant les mains, dit avec calme : « Eh bien ! mon Dieu, j'y consens et de bon cœur. » Ce pieux roi qui, par un vœu solennel dont on fait toujours mémoire le 15 août, avait consacré à Marie sa personne et son royaume, mourut à l'âge de 42 ans, entre les bras de saint Vincent de Paul : qui n'envierait une telle mort?

Au temps de la Fronde, Anne d'Autriche régente, et son fils encore mineur, furent contraints de se réfugier à Saint-Germain. Nous avons vu comment Louis XIV, qui avait fini par s'y fixer, abandonna cette résidence pour celle de Versailles.

Mademoiselle de la Vallière habita ensuite le château de Saint-Germain, qui fut témoin de ses larmes et du commencement de ses expiations. On rapporte qu'ayant appris l'incendie d'un village voisin, elle en fit appeler le curé, afin de s'entendre avec lui sur les secours qu'elle voulait envoyer aux habitants; mais quelle fut sa surprise de rencontrer dans cet ecclésiastique celui qui avait reçu l'aveu de ses égarements! Ce fut certainement pour elle une confusion, mais une consolation plus grande encore de déposer dans le sein de cet homme vénérable la confidence de ses chagrins et de ses remords. Mais son active sensibilité ne fut satisfaite que lorsqu'elle eut donné tout entier à

Dieu un cœur trop aimant pour que l'affection d'une créature inconstante pût lui suffire.

— A la bonne heure, s'écria miss Lucy Roberts ; (car je te rappelle, Julie, que nous sommes en compagnie d'une famille anglaise), à la bonne heure, je comprends la confession et même le cloître pour une pénitente comme mademoiselle de La Vallière.

Ma mère se chargea de lui répondre :

— Le cloître, dit-elle, a sa raison d'être comme préservatif aussi bien que comme expiation : heureuses les ames dont l'innocence y trouve un abri avant d'avoir pu être souillée.

— Et quant à la confession, ajouta mon père qui de nous osera se flatter d'être assez pur pour être affranchi de cette loi ?

Pour achever l'histoire du château de Saint-Germain, disons qu'il a servi d'asile à Jacques II, roi d'Angleterre, à qui Louis XIV donna une noble et large hospitalité, aussi bien qu'aux fidèles seigneurs qui partagèrent l'exil de leur souverain. Nous eûmes encore à ce sujet une petite altercation avec nos Anglais, qui ne purent s'empêcher de convenir que leur nation ne s'était pas montrée aussi généreuse envers nos émigrés. M. Roberts allégua des sacrifices considérables faits par le gouvernement anglais, en leur faveur ; mais ces sacrifices, vu le grand nombre de ceux entre lesquels il fallait les répartir, ne laissaient pas que d'être si insuffisants que des gentilshommes étaient réduits à faire toutes sortes de métiers pour gagner leur vie, ce à quoi ne furent jamais exposés les émigrés jacobites.

Après avoir servi depuis lors de caserne, l'ancien château de Saint-Germain (le nouveau n'existant plus) est maintenant une prison militaire.

Dans l'église, située sur la place du château, nous avons vu le tombeau de ce roi détrôné dont la dynastie fit à plusieurs reprises de vains efforts pour se rétablir. L'Angleterre protestante ne voulait plus des Stuart, uniquement parce qu'ils étaient catholiques.

Comment te décrirai-je cette terrasse de Saint-Germain, dont la réputation est européenne; son étendue est de plus d'une demi-lieue; mais ce qui la rend surtout admirable, c'est l'immense horizon qui se développe devant elle.

La ville de Saint-Germain n'offre rien de très-remarquable; mais la forêt qui y touche est une des plus belles et des mieux percées de toute la France. Nous l'avons traversée dans sa moindre étendue pour visiter Poissy et le baptistère de saint Louis. Mon père a fait remarquer à nos Anglais que ce saint roi était encore, politiquement parlant, un des plus grands monarques dont s'honore la France, et il en citait à l'appui bien des preuves que je voudrais pouvoir détailler ici, si je ne craignais de m'écarter par trop de mon sujet.

Il me reste à te parler aujourd'hui de Meulan et de Mantes ; je n'ai rien de bien intéressant à te dire sur Meulan, située dans une île formée par la Seine, sinon que cette ville, autrefois très-fortifiée, eut beaucoup à souffrir des guerres du moyen âge. Plusieurs reines de France l'eurent pour apanage, entr'autres Catherine de Médicis.

La reine Anne d'Autriche fit bâtir à Meulan un couvent d'Annonciades, en action de grâces de la naissance de Louis XIV. Une religieuse de cet ordre étant venue avec une petite communauté, dont elle était supérieure, se réfugier à Paris, pour se mettre à l'abri des guerres qui désolaient la Picardie, la reine, qui avait entendu vanter sa haute piété désira la voir et l'engagea à joindre ses prières aux siennes pour qu'il plût à Dieu de donner un Dauphin à la France. Etant demeurée longtemps en oraison, la mère Charlotte adressa ensuite à la reine la prédiction suivante, dont voici textuellement les termes [1] : « Madame, parce que
» vous avez pleuré devant Dieu, les semaines

---

[1] Dictionnaire des Gaules et de France.

» d'affliction et les années de larmes seront abré-
» gées ; vos soupirs ont avancé le temps ; il est
» arrêté dans le ciel que le prince qui doit vous
» rendre la plus heureuse des mères, et faire de la
» France la plus glorieuse des nations, paraîtra
» bientôt. Dieu vous donnera un fils avant la fin
» de cette année ; et votre joie surpassera vos
» vœux et votre espérance. » Peu de temps après, cette reine, digne d'une meilleure réputation que celle que des détracteurs suspects ont voulu lui faire, devint mère, et, quatre mois avant la naissance de son fils, accorda des lettres patentes pour l'établissement des Annonciades de Meulan. Louis XIV, parvenu au trône, confirma cette donation et y ajouta divers priviléges. Ce monument de la reconnaissance royale n'existe plus, il a été détruit à cette époque de vandalisme révolutionnaire qui voulait anéantir tout vestige respectable d'un passé monarchique et chrétien.

Pendant que nous devisons, notre course rapide nous fait bientôt aborder à Mantes.

Mantes la jolie, disent les habitants, et ils ont raison ; il y a peu de villes d'un aspect aussi élégant ; il y en a peu dont les rues offrent le même air d'aisance et de propreté, peu dont les environs soient aussi riches en belles promenades, en sites variés. Elle s'annonce de loin par les deux tours.

symétriques de son église gothique et par de nombreux moulins qui disent assez quel est le genre de commerce le plus en vogue à Mantes; mais ce qui contribue le plus à son embellissement, c'est un pont situé sur un des bras de la Seine, formant en cet endroit plusieurs îles. On regarde ce pont comme un des plus beaux de France.

Au XIe siècle, Mantes n'était qu'un château appelé *Medunta*. On ne sait rien de plus sur l'origine de cette ville que quelques-uns ont voulu faire remonter au temps des Druides, parce que ses armoiries sont un gui de chêne. Pour se venger d'une mauvaise plaisanterie du roi de France Philippe Ier, Guillaume-le-Conquérant, duc de Normandie et roi d'Angleterre, vint faire le siége de Mantes, dont il s'empara et qu'il réduisit en cendres ainsi que l'église dédiée à la Vierge. Tombé malade, et obligé de retourner à Rouen peu de temps après, il se sentit pressé par le remords, et fit, avant d'expirer, un legs pour reconstruire l'église qu'il avait incendiée.

Avant ce désastre, Mantes était plus étendue qu'elle ne le fut depuis.

Louis VI, avant d'être roi, eut le comté de Mantes et s'en dessaisit en faveur de son frère naturel, fils de Bertrade. Mais ce prince se fit tellement détester dans cette ville par ses excès de tous genres, que le roi son frère fut obligé de l'en chasser, et Mantes fut pour la seconde fois réunie à la couronne. Deux ans plus tard, cette ville érigée en commune fut gouvernée par un maire et douze pairs ; en 1537 ces douze pairs furent remplacés par quatre échevins.

Deux fois prise par les Anglais, cette ville leur fut définitivement enlevée en 1449.

Il y avait à Mantes un château royal. Henri IV l'habita et y tint sa cour, bien pauvre au temps de la ligue, car on rapporte que ses valets lui rapiéçaient ses vêtements. Ce monarque y tint aussi plusieurs fois le chapitre de l'ordre du Saint-Esprit. Il y reçut, en 1594, Louise de Lorraine, veuve de Henri III, princesse digne de tous respects.

Louis XIII et Louis XIV logèrent aussi dans ce château.

On remarque, dans la ville de Mantes, deux belles fontaines que le seigneur d'O, surintendant des finances, y fit construire par ordre d'Henri IV.

Le pont, le cimetière, l'avenue des Cordeliers et l'île Courpion sont autant de promenades remarquables. Le couvent des Cordeliers, fondé par saint Louis et Blanche, et où l'on voyait une cellule qui passe pour avoir été habitée par saint Bonaventure, n'existe plus. La seule église qui reste est Notre-Dame, surmontée de deux tours élevées et dont le chœur est entouré de six piliers d'une esquise délicatesse. Plusieurs autres églises et couvents sont détruits ainsi que le château, démoli au XVIIIe siècle. La tour de Saint-Maclou subsiste encore, elle mérite d'être citée pour son élévation, sa beauté, et son antiquité.

Avant de nous en retourner, nous avons voulu pousser une pointe jusqu'à Rosny. Cette terre vit naître Sully, ce ministre dévoué, qui fit exécuter dans son domaine une coupe de bois de cent mille livres pour payer les soldats de son maître. L'élégant château de Rosny qui depuis fut la résidence préférée de la duchesse de Berry, Caroline de Naples, a été démoli : et c'est le cœur tout attristé à la vue de ces ruines et des souvenirs qu'elles retracent, que nous avons repris le chemin de Paris en songeant à la suite d'infortunes royales qui, depuis soixante-dix-ans, ont éprouvé la plus noble famille qui fût jamais et à laquelle la France dut huit siècles de splendeurs et de prospérités.

V

MONTMORENCY. — UNE PROCESSION DE LA FÊTE-DIEU. — VALLÉE DE MONTMORENCY. — PONTOISE.

J'avais hâte de connaître Montmorency et sa vallée tant célébrée par les romanciers.

L'admirable plaine, si connue sous le nom de Vallée de Montmorency, s'étend de Saint-Denis à Pontoise, entre le coteau de Montmagny et l'ancienne route de Calais à l'est ; les hauteurs de la forêt de Montmorency au nord, les bois de Rosière et de Maubuisson à l'ouest, et les buttes de Sannois et d'Oryemont au midi. Dans ces limites s'offrent aux yeux des paysages que rien ne surpasse en beauté, de riches villages, d'élégantes maisons de campagne, un sol fécond, couvert de productions variées. Cette riante contrée passe avec raison pour la plus belle des environs de Paris. Elle se recommande en outre par d'intéressants souvenirs. La ville de Montmorency est placée sur le versant méridional de ce magnifique bassin, qu'elle domine comme une reine ; elle a surtout droit à notre attention.

Cette petite ville, nous dit mon père, a une origine fort ancienne. En 1008, Burchard ou Bouchard-le-Barbu, qui possédait un château fort dans une île de la Seine, voisine de l'abbaye de Saint-Denis, dévastait souvent les propriétés de ce monastère. Sur la plainte de l'abbé, le roi Robert ordonna que ce château serait rasé et que Bouchard recevrait en échange la forteresse appelée Montmorency, située près de la fontaine de Saint-Valery.

Cet accord de l'an 1008, continua mon père, qui aimait assez à nous faire part des résultats de ses recherches laborieuses, cet accord, qui n'ajoute rien à ce que tant d'autres témoignages nous apprennent de la rudesse des mœurs du moyen âge, est exploité fort ridiculement par l'historien ou plutôt le pamphlétaire Dulaure, comme un acte d'accusation contre la maison de Montmorency, l'une des plus illustres de notre histoire. Les termes de cette charte indiquent positivement que Bouchard deviendra possesseur du château-fort de Montmorency, et non, comme le prétend encore Dulaure, que Bouchard fera construire ce château. La forteresse de Montmorency existait donc avant l'an

1008. On en trouve d'ailleurs la preuve dans une très-ancienne chronique, où on lit qu'en 978, sous le règne de Lothaire, les troupes de l'empereur Othon II, s'étant approchées de Paris, mirent le siége devant le château de Montmorency et s'en emparèrent [1].

Le château livré à Bouchard-le-Barbu était probablement isolé ; mais des maisons d'habitation et une église ne tardèrent pas à se placer sous la protection de ses murs. Voici comment Lebeuf explique l'origine de la ville : « La tour, ou forteresse de Montmorency, était bâtie sur le territoire de Saint-Martin de Groslay; les riches seigneurs qui augmentèrent ce château firent bâtir par la suite, pour leur propre commodité, une église sous le même titre qu'était leur paroisse. Leurs officiers et leurs vassaux voisins augmentant en nombre, il se forma sur le lieu une paroisse desservie dans la même église, puis un bourg, puis enfin une ville, selon la nécessité qu'il y eut de se mettre à couvert de l'ennemi.

La belle église collégiale de Saint-Martin de Montmorency, aujourd'hui église paroissiale, n'a donc pas une origine aussi ancienne que l'ont cru Duchesne et quelques écrivains modernes, qui en

---

[1] De Gaulle, *Histoire de Paris et de ses environs.*

font remonter l'existence jusqu'au règne de Charlemagne. Le plus ancien titre qui fasse mention de cette collégiale est du commencement du XIIe siècle. Elle fut desservie, depuis 1618 jusqu'à la révolution, par les Pères de l'Oratoire, et ce fut dans cette communauté que le savant Daunou étudia, puis enseigna la philosophie dans les années 1779 à 1785. L'église, dont on aperçoit de fort loin la flèche gracieuse, mérite l'attention des curieux par son étendue et par le style de son architecture. Suivant une ancienne inscription qui se voyait dans le sanctuaire, au bas du portrait de Guillaume de Montmorency, chambellan des rois Charles VIII, Louis XII et François Ier, ce fut ce seigneur qui fit rebâtir, en 1525, l'église de Montmorency ; mais le corps presque gothique de cette église paraît, par son élégance et sa légèreté, être un des plus beaux ouvrages de la fin du XVe siècle. Cet édifice, comme il arrive souvent, n'était point achevé, et Guillaume ne fit sans doute que le réparer et y ajouter la façade que l'on voit actuellement, et dans laquelle l'emploi des ordres grecs sur un petit module, la voûte du porche en plein ceintre et la délicatesse des sculptures attestent l'époque de la renaissance des arts. Une inscription qui se lit à la voûte de la nef prouve néanmoins que l'édifice n'a été entièrement achevé qu'en 1563 ; et l'on sait que ce fut par les ordres du connétable Anne de Montmorency et sous la direction du célèbre Bullant. Les beaux vitraux qu'on voit encore derrière le maître-autel font vivement regretter la perte de ceux qui ont été détruits à la révolution. On admirait autrefois dans cette église le mausolée que Marguerite de Savoie-Tende fit élever en 1567 au connétable Anne de Montmorency, son époux. Ce magnifique tombeau, dont l'architecture était de Bultant et les sculptures de Leprieur, fut placé le 5 ventôse an IV, au musée des petits Augustins. Les quatre colonnes de marbre vert antique qui le décoraient sont aujourd'hui à la salle des antiques du musée du Louvre. Depuis peu d'années, un superbe monument élevé à la mémoire d'une famille polonaise est venu ajouter à ce que cette église conserve encore de décorations et de splendeur.

Il ne reste plus aucun vestige des bâtiments qu'occupaient les Pères de l'Oratoire. Leur bibliothèque, assez considérable, fut portée, vers les premières années de la révolution, à Pontoise, chef-lieu de l'arrondissement.

Les premiers seigneurs de Montmorency ne se contentèrent pas de fonder l'église Saint-Martin pour les besoins de la population qui croissait rapidement autour de leur manoir ; ils firent construire, en outre, dans leur château, et pour leur usage, une chapelle sous le titre de Notre-Dame. Cette chapelle, le plus ancien édifice de Montmorency, est aujourd'hui la propriété de M. Jules Desnoyers, qui a conservé religieusement le portail, charmant ouvrage de la fin du XI° siècle ou du commencement du douzième.

L'antique forteresse, dont l'emplacement est voisin de cette chapelle, a complètement disparu. A quelque distance du lieu où elle se trouvait, un fort beau château avait été bâti sous le règne de Louis XIV, par l'architecte Cartand ; les jardins en avaient été dessinés par le fameux Le Nôtre. Les appartements de ce château étaient ornés de magnifiques peintures de Lebrun. Il a été démoli sous le premier empire, par des spéculateurs qui en ont vendu les matériaux. Ce château, dit de Luxembourg, n'était point celui des princes de Condé qui n'imposèrent jamais à Montmorency. Il a été successivement habité par le célèbre peintre Lebrun, qui le décora, le savant Crozat, la duchesse de Lorges, le maréchal de Luxembourg et le duc de Lauzun.

Montmorency a été autrefois environné de murailles, et plusieurs parties de son enceinte fortifiée subsistent encore. La seigneurie de Montmorency avait été érigée en duché-pairie en faveur du connétable Anne de Montmorency ; mais après le supplice de Henri II de Montmorency, décapité à Toulouse, en 1632, par ordre de Richelieu, cette terre fut donnée au prince de Condé qui avait épousé la sœur de ce duc, et érigée de nouveau en duché-pairie. En confirmant cette donation par lettres patentes de l'an 1689, Louis XIV changea le nom de Montmorency en celui d'Enghien; mais le nom de Montmorency, qui rappelle tant de glorieux souvenirs, a toujours prévalu.

La grandeur des premiers barons chrétiens n'est pourtant pas ce qui préoccupe d'abord tous ceux qui visitent Montmorency. Ils y cherchent le souvenir d'une autre illustration plus récente et plus populaire. Tout le monde sait que l'un de nos plus célèbres écrivains du dernier siècle, Jean-Jacques Rousseau, habita longtemps Montmorency et ses environs.

L'auteur d'Emile passa plusieurs années à l'Ermitage, situé à un quart de lieue de Montmorency, vers Groslay, et qui était alors une dépendance du château de la Chevrette, appartenant à madame d'Epinay. Tous les auteurs qui ont décrit les environs de Paris ont si longuement parlé de l'Ermitage, qu'il n'y a rien à dire de nouveau sur cette maison, qui est le but ordinaire des visites des curieux, quoique tout y soit bien changé, depuis

Jean-Jacques. L'Ermitage a été habité aussi, pendant 16 ans, par l'immortel Grétry, qui y est mort le 24 septembre 1813 [1].

Le petit mont-Louis, célèbre aussi par le séjour de Rousseau, est dans l'intérieur de la ville, assez près de l'église. Cette maison modeste, mais admirablement située, a été pendant quarante ans la propriété de l'un de nos peintres de paysages les plus renommés, M. Joseph Bédauld, membre de l'Institut et appartient aujourd'hui à ses petits-enfants. On y trouve un magnifique couvert de tilleuls d'où l'on jouit d'une vue incomparable, celle de toute la vallée, encadrée des collines qui la bornent de toutes parts et au milieu de laquelle le lac d'Enghien, sillonné de barques aux blanches voiles et bordé de châlets, fait un effet ravissant.

Il faut encore citer, entr'autres propriétés de Montmorency, l'habitation où M. Jules Desnoyers a rassemblé avec autant de savoir que de goût de précieux spécimens de l'architecture et de la sculpture du moyen âge.

Une magnifique forêt de dix lieues d'étendue et fort pittoresquement accidentée ajoute encore aux agréments de Montmorency, qui attire tous les dimanches une foule parisienne, malheureuse-

---

[1] De Gaulle, *Histoire de Paris et de ses environs*.

ment fort mêlée. Plusieurs célébrités y viennent passer la belle saison, ainsi que des personnages opulents de toutes nations, formant une société cosmopolite très-originale; ce qui fournit aux habitants du pays, y compris ceux qui professent les arts libéraux, toutes sortes d'occasion de gagner leur vie. Tous ces éléments divers vivent en assez bonne harmonie et les habitants se font en général remarquer par leur caractère gai, bienveillant et leur bonne santé; le choléra, ce fléau dévastateur qui, non loin de là, a fait tant de victimes, n'a jamais pénétré dans Montmorency.

Nous nous étions arrangés pour nous trouver à Montmorency le jour de la Fête-Dieu, afin de nous joindre au cortége triomphal du Saint-Sacrement à qui sont interdites les rues de notre capitale ; c'était un grand bonheur pour nous de suivre, à travers ces rues champêtres, les pas de celui qui, parcourant les villes et les bourgades de Judée, laissait partout des traces de son passage et comblait de dons la petite troupe de fidèles qui cherchait à toucher le bord de son vêtement. Cet exercice fut moins du goût de nos Anglais qui ne voyaient dans ces démonstrations qu'une cérémonie ridicule. Pourtant, l'aspect de nos pompes catholiques les impressionna malgré eux, et, pendant que le père, appelant à son aide toutes les interprétations de Calvin, s'efforçait de contester la présence réelle qui devrait faire toute notre joie, miss Lucy me disait tout bas : Oh! que vous êtes heureux, vous autres, catholiques, de pouvoir croire une telle merveille! Pour moi, si j'en étais persuadée, je l'estimerais plus que tous les trésors, et je voudrais passer ma vie aux pieds de ce Verbe fait chair qui aurait ainsi perpétué sa demeure parmi nous.

M. Roberts parut un peu inquiet de l'impression produite sur sa famille ; il se renferma dans sa dignité, et évita soigneusement à l'avenir toute discussion religieuse où il n'avait, il faut l'avouer, jamais l'avantage, et se montra beaucoup plus froid pendant tout le reste du trajet.

Parmi les diverses localités de la vallée de Montmorency, il faut citer Montmagny, dont l'église, dédiée au saint martyr Thomas Becket, archevêque de Cantorbéry, fut érigée vers le XIIe siècle par les seigneurs de Montmorency. — *Deuil*, en latin *Dioilum* ou *Diogilum*, dont l'origime est fort ancienne : on raconte que saint Eugène, l'un des compagnons de saint Denis, y a été enterré, et que sur son tombeau se sont opérés plusieurs miracles qui rendirent ce lieu vénérable. Dans le XIe siècle, Deuil appartenait aux seigneurs de Montmorency, qui en firent don à des religieux, n'exigeant qu'une redevance de quelques gâteaux nommés rissoles ou gâteaux d'épices, aux quatre principales fêtes de l'année. Odon, abbé de Saint-Denis, successeur du sage historien de Louis VII, qu'il accompagna en Terre-Sainte, est né à Deuil. Le hameau de la Barre, remarquable par son château et son parc, et celui d'Ormesson, dépendent de Deuil. Enghien-les-Bains qui, dans le siècle dernier, ne se composait encore que de deux maisons; on ne connaissait pas encore l'existence des sources salutaires qni y attirent aujourd'hui tant de monde. Le lac d'Enghien, qui n'a pas moins de 40 hectares d'étendue, est bordé de maisons de campagne, dont plusieurs imitent des châlets suisses.

L'établissement des eaux minérales est une construction des plus élégantes. Ce fut le père Cotte de l'Oratoire, curé de Montmorency, qui, dans ses excursions géologiques, découvrit ces eaux en 1766. Il est reconnu maintenant qu'elles ont des qualités aussi précieuses que celles qu'on va chercher dans les Pyrénées. D'ailleurs tout contribue à faire d'Enghien un lieu de plaisance dont les charmes influent aussi favorablement sur l'esprit d'un malade que toutes les distractions qu'offrent les établissements de ce genre les plus éloignés.

A l'extrémité du lac d'Enghien, se trouve le

village de Saint-Gratien, célèbre par son château qu'habita l'illustre maréchal Catinat, qui en était seigneur. Il descendait par sa mère de l'ancienne famille Poille, à laquelle il fit élever un monument dans l'église de Saint-Gratien. L'épitaphe gravée sur cette tombe a souvent été citée pour sa singularité; elle marque qu'un de ces Poille était gendre d'André Tiraqueau, que François I*er* fit venir du Poitou pour le faire conseiller au Parlement, lequel Tiraqueau *avait trente enfants et fit trente et un livres fort estimés.* Voilà ce qui s'appelle bien mériter de la patrie !

Catinat, pauvre et disgracié, s'étant retiré dans le château de ses pères, cultivait lui-même son jardin. Un vieux maronnier planté de sa main est toujours en vénération dans le pays. Ce sage guerrier, qu'on avait surnommé le père *La Pensée*, à cause de son air méditatif, sut remporter la victoire sans jamais perdre de vue l'humanité, et, comme Turenne, faisait son étude de réduire la guerre à la plus petite somme de mal possible.

Soisy est encore un beau village dont l'origine est antérieure au temps de saint Louis. Les ducs de Montmorency en étaient suzerains. Sous eux, d'autres seigneurs étaient propriétaires du fief. Bâti au pied de Montmorency, Soisy est une résidence très-favorable par la salubrité de l'air et sa proximité des eaux minérales d'Enghien. La riche propriété de M. Th. Davilliers et la riante habitation de la famille Javon en font l'ornement. Cette dernière y a fondé plusieurs institutions de bienfaisance et toutes sortes d'encouragement aux bonnes mœurs. A l'extrémité de son parc se trouve ménagé un abri extérieurement ouvert au voyageur fatigué. C'est un bel exemple, bien peu suivi par les propriétaires actuels. Au moins nos aïeux ne manquaient pas d'accorder aux passants l'hospitalier banc de pierre !

Eaubonne, dont, en dépit de son nom, l'eau est médiocre, dit-on, est un village, d'une situation à la fois saine et riante, qui a également appartenu aux ducs de Montmorency. Les habitations de madame d'Houdetot et de Saint-Lambert auteur des *Saisons*, l'ont rendu célèbre. Ce dernier, surnommé le sage d'Eaubonne, n'a cependant guère donné de preuves de sagesse.

Ermont : L'église de ce village est dédiée à saint Flaive, dont la légende, mêlée de fables, est fort intéressante.

Il faut aussi visiter Andilly, situé sur une hauteur au nord de la Vallée. Ce village touche à la forêt. Les points de vue en sont admirables. Le fameux Arnaud, célèbre par ses écrits et les persécutions qu'ils lui attirèrent, était frère d'un seigneur d'Andilly. Le célèbre diplomate Talleyrand a fait construire en ce lieu une belle propriété.

Saint-Leu-Taverny mérite également qu'on s'y arrête. Ce nom vient par corruption de saint Loup, évêque de Sens, patron de ce village. Eglantine de Vendôme, femme de Matthieu de Montmorency qui en était seigneur, fut enterrée en ce lieu. Le château, qui appartint plus tard à la maison de Condé, a fait depuis partie des domaines du duc d'Orléans, dont madame de Genlis éleva les enfants dans cette délicieuse retraite. Sous l'empire, la reine Hortense en fit son habitation favorite, et l'on sait qu'elle conserva depuis le titre de comtesse de Saint-Leu. Enfin, ce château est devenu surtout tristement célèbre par la catastrophe qui termina les jours du dernier des Condés, qui, depuis la restauration, en était propriétaire. Ce château a été rasé et une colonne commémorative a été élevée sur son emplacement. L'empereur Napoléon III a fait restaurer l'Eglise qui renferme les tombeaux de plusieurs membres de sa famille.

Il faut nous borner dans cette revue de la charmante vallée dans laquelle nos compagnons de voyage prétendaient voir la Suisse en miniature.

Nous arrivons à Pontoise.

Cette ville, aujourd'hui chef-lieu d'arrondissement du département de Seine-et-Oise, et autrefois capitale du Vexin français est pittoresquement située au penchant d'un coteau, sur la rive droite de l'Oise, au confluent de cette rivière et de la Viosne.

Son importance vaut la peine que je recoure à l'érudition de mon père, pour en mieux retracer l'histoire.

— Le nom de cette ville, dit-il, est la traduction de celui qu'elle porte dans l'itinéraire d'Antonin : *Briva-Isaræ*, composé du mot celtique *Briva*, qui désigne un pont du passage, et de *Isara*, nom latin de la rivière d'Oise.

Il est donc certain qu'un pont traversait l'Oise sur ce point, dès l'époque romaine, mais ce pont était alors placé à quelque distance de celui qui existe aujourd'hui ; il aboutissait à une voie romaine qui conduisait au lieu où est aujourd'hui Saint-Denis, et qui est connue sous le nom de Chaussée de César.

Là aussi, à la même époque, était une ville ou bourgade qu'on doit croire très-ancienne sans qu'il soit nécessaire d'en faire remonter l'origine au roi Belgius, comme l'a fait le naïf auteur des antiquités de Pontoise.

Au VIIIe siècle, vers 780, Pontoise et son territoire étaient sous l'obéissance de Riferus ou Riferon, que d'anciens monuments qualifient comte de

Meulan. Cent ans après, en 885, une forteresse fut élevée à Pontoise pour résister aux Normands, et la défense en fut confiée à Aletramme ou Alatramme. Bientôt trente ou quarante mille de ces barbares, appelés en France par le désir de venger la mort d'un de leurs chefs, assassiné par ordre de Charles-le-Gros, remontent la Seine avec 700 barques, entrent dans l'Oise, et viennent assiéger la nouvelle forteresse de Pontoise que Gozlin, évêque de Paris, avait pourvue de vivres. La résistance ne fut pas longue. Les assiégeants étant parvenus à couper les conduits qui amenaient dans la place les eaux de la rivière, obligèrent Aletramme à capituler. Il obtint la vie sauve et se retira avec ses troupes. Les Normands pillèrent la forteresse, y mirent le feu, et continuèrent leurs dévastations jusques sous les murs de Paris, dont ils firent le siége. Le château détruit par les Normands fut reconstruit peu de temps après ; il est certain, du moins, que, dès les premiers temps de la première race, ce château était rétabli.

En 1052, sous le règne de Henri Ier, Pontoise et tout le Vexin passèrent aux mains de Robert-le-Diable, duc de Normandie. Ces possessions furent la récompense de l'appui que Robert avait prêté au roi, en l'aidant à vaincre le comte de Champagne. Il y eut dès lors, pour Pontoise et Chaumont, des comtes particuliers sous l'autorité des ducs de Normandie. Les premiers de ces comtes furent Drogon et son fils Gautier.

La fondation de l'abbaye de Saint-Martin, près Pontoise, par Philippe Ier, en 1069, donna quelque importance à cette ville. C'est du château de Pontoise que ce prince date les priviléges qu'il accorde au nouveau monastère, autour duquel la population s'agglomera peu à peu. Un faubourg se forma de ce côté et porta d'abord le nom de Neubourg, ensuite celui de Ville-Saint-Martin.

On trouve dans les archives de la ville de Pontoise une charte par laquelle Thibaud de Gisors donne, vers 1178, à Geoffroy, abbé de Saint-Martin, ce village de Neubourg avec la justice, et le ban de la voirie qui en dépendaient. Les abbés, devenus propriétaires de Neubourg, le firent fortifier, et ce fut alors qu'il prit le nom de ville de Saint-Martin. Ce village ou faubourg, où l'on comptait environ cent feux, fut détruit au XVe siècle, pendant les guerres contre les Anglais. Il n'en resta plus de vestiges, mais l'emplacement qu'il occupait appartint aux religieux de Saint-Martin jusqu'en 1789. La ville de Saint-Martin était située sur le bord de la chaussée de César.

Un autre monastère, celui de Saint-Mellon, existait à Pontoise, dans l'intérieur de la ville, lorsque les religieux de Saint-Martin vinrent s'établir hors des murs. L'époque de la fondation de l'abbaye de Saint-Mellon n'est pas bien connue; mais suivant l'opinion la plus générale, cette fondation remonte au moins à l'an 899. En 1094, le roi Philippe Ier donna en fief ce monastère à Guillaume archevêque de Rouen. Dans la suite, l'abbaye de Saint-Mellon fut sécularisée et remplacée par une collégiale instituée par Philippe-le-Bel en 1286, et qui a subsisté jusqu'à la révolution. L'église abbatiale, puis collégiale de Saint-Mellon, était située dans l'avant-cour du château de Pontoise. De là, la partie de la ville qui avoisinait le château, prit dès le XIIe siècle le nom de Ville-Neuve-Saint-Mellon, comme on le voit par une charte de 1196.

Enfin, un troisième établissement religieux se forma au XIe siècle à Pontoise. Les moines de la célèbre abbaye du Bec fondèrent dans cette ville un prieuré sous l'invocation de saint Pierre. Ce prieuré a formé depuis une paroisse, qui a été supprimée en 1793 [1].

Toutes ces pieuses fondations augmentèrent en peu de temps la population et la prospérité de la ville. Autour des couvents se sont toujours grou-

---

[1] De Gaulle, *Histoire de Paris et de ses environs*.

pés des habitants, heureux de leur voisinage et de leur protection.

Mais ce qui acheva de classer Pontoise au nombre des villes, ce fut la charte de commune que lui accorda Philippe-Auguste, en 1188, et dont une des principales dispositions garantissait aux habitants que leur ville ferait constamment partie du domaine de la couronne. Depuis cette époque, Pontoise fut gouvernée par un maire et douze pairs.

Les mesures que nécessitait la défense de la ville suivirent de près son organisation municipale. Les fossés et les épaisses murailles, dont on voit encore aujourd'hui des restes si remarquables, paraissent dater du temps de Philippe-Auguste.

Saint Louis aimait le séjour de Pontoise et y habita longtemps avec sa mère Blanche de Castille, et sa femme, Marguerite de Provence. Ce fut là que le saint roi fit cette longue maladie qui n'alarma pas seulement, comme le veut Dulaure, les puissants du royaume; elle affligea les Français de toutes les classes. Un peuple nombreux suivait les évêques et archevêques qui vinrent à Pontoise visiter le prince, et la nouvelle de sa guérison causa une joie universelle. Ce fut pendant cette maladie que saint Louis fit vœu de se croiser.

Pontoise dut à la sollicitude de saint Louis une amélioration importante. La ville, située sur un rocher, se trouvait, par sa position, privée d'eau ; saint Louis fit construire, à une demi-lieue de Pontoise, une digue qui traverse ses fossés et ses remparts jusqu'à l'Oise, et amène, par ce nouveau lit, la rivière de Viosne dans sa place.

L'histoire de Pontoise pendant le XIVe siècle ne présente point de faits remarquables. On cite seulement la réunion des bourgeois en confrérie pour l'administration du bien des pauvres, sous le nom de confrérie de Saint-Jacques, en 1380. On peut ajouter, d'après les documents originaux déposés aux archives de la ville, qu'en 1368 des réparations considérables furent faites aux fortifications, et qu'en 1390, cette ville, donnant un bel exemple de patriotisme, contribua pour une somme très-importante aux dépenses que rendait nécessaires la défense du royaume.

Au siècle suivant, Pontoise eut sa large part des calamités du règne de Charles VI. La ville fut prise le 29 juillet 1419, par les Anglais, qui la conservèrent jusqu'en 1423. Elle fut délivrée par l'adresse et l'énergie des habitants, qui, après avoir chassé la garnison, demandèrent au roi Villiers de l'Ile-Adam pour les gouverner [1].

J'en suis bien fâchée pour la famille Robert,

---

[1] De Gaulle.

Julie, mais je trouve toujours les Anglais mêlés à tous les désastres de la France.

M. Robert cita à son tour, non sans malice, le fait suivant.

— En 1437, Talbot, général anglais, s'empara encore de Pontoise par un artifice singulier : c'était en hiver. Les campagnes étaient couvertes d'une neige épaisse. Talbot fit vêtir ses soldats de toile blanche, et, pendant une nuit sombre, la neige étouffant d'ailleurs le bruit de leurs pas, s'avança à leur tête, sous les remparts de la ville, sans qu'ils fussent aperçus. Les murailles furent escaladées en silence, et les postes les plus importants tombèrent au pouvoir des assiégeants. Le gouverneur français s'en alla lâchement et laissa les habitants à la merci de l'ennemi.

— Oui, continua mon père, le joug anglais pesa pendant quatre ans encore sur cette malheureuse ville. Mais aussitôt que Charles VII fut en état de lutter victorieusement contre les ennemis de la France, il songea à délivrer Pontoise. Le siége et la prise de cette ville sont un de ses plus beaux faits d'armes.

En 1465, pendant la ligue du bien public, contre Louis XI, Pontoise fut livré aux mécontents par son commandant, Louis Sorbier ; mais le roi en reprit possession quelques mois après, en exécution du traité de Conflans. Il fit alors dans la ville une entrée solennelle.

Des fêtes magnifiques eurent lieu à Pontoise, en 1508, à l'occasion de l'entrée de Louis XII et d'Anne de Bretagne.

En 1561, les Etats généraux, qui avaient été convoqués l'année précédente, à Orléans, se réunirent à Pontoise pour délibérer sur l'administration des affaires publiques et sur la pacification des troubles religieux.

Dans les guerres de la ligue, les troupes royales, aux ordres du seigneur d'O, s'emparent de Pontoise, qui était défendue par le baron d'Alincourt.

Louis XIV séjourna à Pontoise pendant les troubles de la Fronde et y transféra le Parlement, le 6 août 1652. Sous la régence, le parlement fut encore exilé à Pontoise en 1720, pour avoir adressé au duc d'Orléans des représentations contre le système de Law; et une troisième fois, sous Louis XV, en 1753, pour refus d'obéissance au roi à l'occasion des poursuites dirigées contre l'archevêque de Paris.

Tous ces détails historiques ne te paraîtront peut-être pas amusants, chère Julie; il est cependant intéressant de suivre dans toutes ses phases l'histoire de cette ville, si étroitement liée à tous les fastes de la France.

Indépendamment des maisons religieuses signalées précédemment, il y en avait encore d'autres à Pontoise, particulièrement un couvent de Cordeliers, fondé par la reine Blanche, et où était déposé le cœur du cardinal Georges d'Amboise et un couvent de Carmélites, où mourut la vénérable Marie de l'Incarnation, veuve parisienne, qui, après avoir subi toutes les épreuves qui peuvent affliger une épouse et une mère, se retira sur la fin de sa vie dans une des communautés qu'elle avait fondées et n'y voulut occuper que la dernière place. Connue dans le monde sous le nom de madame Acarie, elle avait occupé un rang distingué dans la société. Henri IV et Vincent-de-Paul l'honoraient beaucoup.

Nous avons visité à Pontoise un jardin public assez accidenté et d'où la vue s'étend fort loin.

L'Eglise de Saint-Maclou est remarquable par son architecture, sa tour renferme une cloche destinée à jeter l'alarme en cas d'incendie. Sur cette cloche, on lit ce vers latin, souvent cité :

Unda, unda, unda, unda, unda, unda, unda ; accurrite cives.

Pour comprendre toute l'harmonie imitative de cette phrase, il faut peut-être que tu sois avertie, comme moi, que la voyelle finale suivie d'une autre voyelle s'élide dans la poésie latine. La légende rapporte qu'un écolier paresseux, qui avait négligé de se mettre en mesure à l'occasion d'un concours, obtint néanmoins le prix pour avoir fait ce seul vers.

Nous avons aussi visité l'église Notre-Dame-de-Pontoise, pèlerinage autrefois célèbre. Nous avons vu avec peine à quel point cette madone miraculeuse est aujourd'hui négligée.

On ne peut s'éloigner de Pontoise sans dire un mot de l'abbaye de Maubuisson, fondée par la reine Blanche qui voulut y être inhumée, après avoir fait renaître quelques jours avant sa mort l'habit de l'ordre de Cîteaux. Plusieurs autres personnages illustres y eurent également leur sépulture. Des écrivains malveillants ou légers se sont plu à raconter sur cette abbaye des choses scandaleuses, qu'aucune autorité sérieuse ne justifie et auxquelles on accorde malheureusement beaucoup trop de croyance.

J'aurais voulu te parler encore de l'Ile-Adam, un véritable Eden ; de Luzarches, également dans l'arrondissement de Pontoise et de Royaumont, où saint Louis fonda la célèbre abbaye à la construction de laquelle il travailla de ses propres mains et dont il ne reste plus rien qu'une manufacture ; mais je crains déjà d'avoir fait un chapitre trop long et de te causer de l'ennui et de l'impatience. Tel est du moins l'effet que nos investigations ont fini par produire sur nos compagnons de voyage. Ils nous ont quittés sans témoigner, comme auparavant, le désir de partager dorénavant nos excursions, et je crois que nous les verrons peu à l'avenir. Pour moi, je m'en console aisément, la société de mes bons parents me suffit. Cependant j'aimais bien miss Lucy; je crois que c'est une riche nature, une ame pleine d'élévation et susceptible des sentiments les plus généreux.

VI

ROUTE DE LYON. — CORBEIL. INGEBURGE DE DANEMARCK.

Cette fois, ma chère Julie, nous dirigeant au sud-est, nous prenons le chemin de fer de Lyon pour nous éloigner de Paris. Nous passons sans nous arrêter devant Charenton, célèbre par sa maison de santé destinée aux traitements d'une des plus tristes infirmités de la nature humaine, et devant Conflans, cet ancien lieu de plaisance des archevêques de Paris, victimes depuis longtemps vouées au sacrifice. A Conflans se trouve aujourd'hui une des plus fameuses maisons du Sacré-Cœur, à la fois noviciat et pensionnat. Là, gouverne une supérieure d'un rare mérite dont les préoccupations monastiques n'empêchent pas les sympathies pour tous ceux qui souffrent et luttent sur la mer orageuse du monde. Nous arrivons à Villeneuve-

Saint-Georges, dont l'église pittoresquement située sur une colline, contient les reliques de l'illustre guerrier-martyr dont elle porte le nom. Près de là est le village de Crosnes, où naquit Boileau; Hyères ou Yères dont le château, après avoir appartenu à la famille de Courtenay, fut habité par Guillaume Budé, savant du XVI° siècle qui contribua beaucoup à la renaissance des lettres et à l'érection du collége de France.

L'ancien couvent des Camaldules se trouve à peu de distance d'Hyères. Cet ordre, fondé au XI° siècle par saint Romuald, en Italie, s'étendit en France au XVI° siècle. C'étaient des religieux ermites qui avaient chacun leur cellule, où ils menaient une vie assez conforme à celle des Chartreux. Ce couvent a été occupé au XVIII° siècle par des religieux de l'ordre de Cîteaux. Il n'existe plus, et sur cet emplacement où l'on priait jadis en répandant de saintes larmes, on danse aujourd'hui et l'on se livre à toute la joie folle que favorisent les fêtes champêtres.

Près d'Hyères se trouve encore l'ancien château appelé la Grange du roi, qui appartint au duc de Guise, le balafré. Louis XIII le fit reconstruire pour y établir un rendez-vous de chasse. Plus tard, Le Nôtre en planta le parc. Enfin, ce château a été possédé par le maréchal de Saxe, dont il rappelle une foule de souvenirs. Non loin de là encore, est le château de Grosebois, magnifique propriété, appartenant au prince de Wagram, dont le parc anglais, d'une étendue considérable, est ouvert au public en certains jours où le propriétaire donne des fêtes à la population d'alentour. Nous y avons vu avec intérêt plusieurs belles tapisseries, ouvrage de la duchesse ; mais ce qui m'a moins charmé, c'est la suppression de la chapelle au profit de la bibliothèque. On est si heureux de pouvoir loger le bon Dieu chez soi ; je ne conçois pas qu'on renonce à cette inappréciable faveur qui mériterait d'être achetée par tous les sacrifices.

Ainsi n'a point agi le général de Rottembourg, ce vénérable invalide qui fut aussi l'une des gloires de l'empire. Retiré dans son château à Montgeron, près d'Hyères et de Villeneuve-Saint-Georges, il a retranché une portion de son parc, pour y faire construire une église dont il a posé lui-même la dernière pierre. C'est là qu'il est maintenant inhumé, sous l'autel qu'il a fondé, et qu'il attend la résurrection qui ne saurait manquer d'être glorieuse pour celui dont les sentiments religieux ont sanctionné l'accomplissement de tous les autres devoirs.

Une superbe avenue conduit de Montgeron à la forêt de Sénart, dont nous côtoyons la lisière pour arriver à Brunoy, qui se recommande par plus d'un souvenir et dont on ne peut contester l'ancienneté. Par le testament de Dagobert, de l'an 638, ce prince lègue à l'abbaye de Saint-Denis un lieu appelé *Villa Braunata in Briegis,* ce qui veut dire évidemment Brunoy en Brie. Il ne faut donc pas juger de l'antiquité de ce village par la construction de l'église, dont les plus anciennes parties ne remontent pas au delà du XIIIe siècle. Le château était très-ancien, et Philippe de Valois y a rendu plusieurs ordonnances. Ce château a été remplacé, au XVIIIe siècle, par un plus moderne, élevé par le financier Paris de Montmartel, en faveur de qui Louis XV érigea cette terre en duché-pairie. Son fils, le marquis de Brunoy, se rendit fameux par ses excentricités. On abuse des meilleures choses : les dépenses folles de ce gentilhomme n'avaient pour objet ni le jeu, ni la table, ni rien de ce qui ruine ordinairement les prodigues. C'était surtout en pompes religieuses qu'il dépensait son immense fortune. Il employa, dit-on, jusqu'à cinq cent mille livres pour une procession. On raconte qu'à l'occasion de la mort de son père, il fit teindre en noir jusques aux eaux qui formaient dans son parc des jets et des cascades. L'église de Brunoy, décorée à ses frais, est plutôt ornée dans le goût d'un boudoir du XVIIIe siècle que selon la sévérité d'un monument chrétien. Ces roses et ces houlettes, jadis dorées, font aujourd'hui le plus triste effet sur le fond blanc sale qui leur sert de cadre. Les gens du pays étaient loin de se plaindre des prodigalités du marquis de Brunoy, mais sa famille demanda son interdiction et l'obtint, après des débats qui retentirent dans toute la France, et défrayèrent pendant un certain temps la curiosité publique. La belle propriété de ce seigneur fut alors mise en vente, et fut achetée par Monsieur, depuis Louis XVIII, qui l'embellit encore en l'enrichissant de plusieurs chefs-d'œuvre des arts. Le château ayant été détruit à la révolution, le parc fut morcelé, et l'une des habitations construites sur son emplacement a appartenu au célèbre tragédien Talma.

Abandonnant le chemin de fer de Lyon, nous traversons la forêt et nous arrivons à Corbeil.

On est peu d'accord sur l'origine de cette ville ; ce qu'il y a de certain, c'est qu'en 863, il y avait là un village de pêcheurs désigné sous le nom de *Corbeliis* dans une charte de Charles-le-Chauve. Les reliques de saint Exupère y furent apportées de Bayeux pour les soustraire aux Normands. Le concours de pèlerins qu'elles y attirèrent accrut vite la population de Corbeil. Aymon, ou Haimon, en fut le premier comte sous Charles-le-Gros, et y bâtit une forteresse, ainsi qu'une église digne de saint Exupère, qu'on appela depuis, sans doute par corruption, Saint-Spire. Haimon, mort à Rome où il était allé en pèlerinage, fut enterré dans cette église. Sa veuve Elisabeth épousa Burchard, fameux par sa piété et auquel Hugues Capet confia le gouvernement des comtés de Corbeil, de Melun et de Montereau. Ce comte mourut en 1012. En 1019, Corbeil, qui n'avait encore que le titre de bourg, fut détruit par un violent incendie, ainsi que le château ; il paraît cependant que l'église fut alors épargnée ; le désastre fut complètement réparé ; mais l'église ayant été brûlée en 1140, ne fut entièrement rétablie qu'en 1437.

En 1108, le comte de Corbeil, nommé Eudes, fut saisi à la chasse et jeté en prison par Guy Troussel, son frère, pour avoir refusé de participer à sa révolte contre le roi, qui le délivra. Cependant ce même Eudes ou Odon osa lui-même plus tard aspirer à la royauté et fut tué dans un combat.

Philippe, comte de Meulan, fils de Philippe Ier et de Bertrade, fut mis par son père en possession du comté de Corbeil, mais il en fut dépouillé plus tard par Louis-le-Gros, son frère, pour cause de conspiration, et cette ville fut réunie au domaine de la couronne. En 1119, ce roi reçut dans le château de Corbeil, le pape Calixte II, et y séjourna quelque temps avec lui, accompagné de la reine Adélaïde.

Vers la même époque, Abailard, persécuté par ses ennemis, vint chercher un refuge à Corbeil et y établit son école ; mais il n'y resta pas longtemps, le délabrement de sa santé l'ayant obligé à se retirer dans son pays natal.

Ce qui rend Corbeil bien autrement intéressant à mes yeux, c'est la retraite d'Ingeburge, veuve de Philippe-Auguste, à qui cette ville avait été donnée en apanage, et qui s'y retira après la mort du roi. Ayant perdu sa première femme, Isabelle de Hainaut, Philippe, voulant se remarier, jeta les yeux sur une princesse de Danemarck. Douée de charmes extérieurs, joints à des qualités morales, Ingeburge n'eut point le bonheur de plaire à son époux qui la répudia aussitôt après son mariage. L'histoire ne nous apprend rien sur la cause de cette aversion. Trompée par une rupture qu'elle croyait légalisée, Agnès de Méranie, à qui romanciers et dramaturges ont fort injustement donné le beau rôle, avait usurpé la place de l'épouse, et donné des enfants à Philippe, tandis qu'Ingeburge, s'obstinant à rester en France dans l'espoir d'obtenir tôt ou tard justice, et qui, sans doute, aimait son infidèle époux, était persécutée et manquait du nécessaire ; c'est ce que constatent ses touchantes plaintes, adressées au pape, ce père commun des fidèles, ce juge des rois prévaricateurs et refuge contre eux de l'innocence opprimée.

Après avoir inutilement employé les voies de la douceur, Innocent II se vit à regret obligé d'user alors de moyens violents pour faire cesser un scandale qui ne pouvait manquer de devenir contagieux, venant de si haut ; il excommunia le roi et mit la France en interdit. A cette époque, de pareilles mesures avaient un effet terrible et rendaient tout gouvernement impossible au roi; il fut contraint de renvoyer Agnès, qui en mourut de chagrin, et de reprendre Ingeburge. Pour qui connaît le cœur humain, il est douteux que cette réconciliation forcée ait mis un terme aux chagrins de la reine; sa piété la consola, et après la mort du roi s'étant retirée à Corbeil, elle y fonda l'église et la communauté de Saint-Jean-en-l'Isle et répandit toutes sortes de bienfaits dans cette ville, où elle vécut encore treize ans, et mourut en 1236, fort respectée de toute la famille royale, dont elle n'était que la belle-mère. Elle fut enterrée dans l'église qu'elle avait fondée ; son mausolée, qui subsistait encore à la révolution, fut transporté au musée des monuments français.

Dans les siècles suivants, Corbeil eut beaucoup à souffrir; en 1357, un chef de guerre, nommé Bègue-de-Villaines, pilla cette ville; en 1358, elle fut encore dévastée par les Anglais et les Navarrais, et en 1363 par les routiers français : six ans après, Robert Knolles, capitaine anglais, en brûla les faubourgs. En 1415, le duc de Bourgogne assiégea inutilement Corbeil qu'il voulait prendre dans le dessein d'affamer Paris.

Charles VIII fit enfermer, en 1487, le fameux Georges d'Amboise, alors évêque de Montauban, dans la grosse tour du château de Corbeil, à cause de son attachement au duc d'Orléans, depuis Louis XII, dont il fut plus tard le ministre. C'est encore à Corbeil que Louis XII reçut les excuses de l'Université de Paris, à l'occasion de mouvements tumultueux soulevés contre certaines ordonnances royales tendant à restreindre les trop grands priviléges de cette Université. Le même cardinal d'Amboise répondit à ces députés par un discours très-remarquable.

En 1568, le prince de Condé, à la tête des protestants, tenta vainement de prendre Corbeil ; Henri IV s'en rendit maître en 1590. Les ligueurs, sous la conduite des ducs de Parme, la reprirent la même année après un siége de vingt-quatre jours et un assaut meurtrier ; furieux d'avoir été si longtemps arrêtés par une aussi petite ville, ils la saccagèrent sans miséricorde ; mais moins d'un mois après, M. de Givry, gouverneur de la Brie, s'en empara par escalade dans l'espace d'une heure. Depuis ce temps, Corbeil n'a plus occupé les historiens, ce qui vaut mieux pour ses habitants.

Le célèbre La Harpe, exilé à Corbeil, y a laissé des souvenirs; c'est là qu'il fut atteint de la maladie, dont il alla mourir à Paris, le 11 février 1803. Incarcéré pendant la révolution, il était devenu chrétien, d'incrédule qu'il avait été auparavant, par la simple lecture de l'Imitation de Jésus-Christ.

Corbeil est situé au confluent de la Seine et de l'Essonne, ou Juine, qui se divise en plusieurs bras et y fait tourner plus de 40 moulins; cette ville renferme de grands magasins de grains et de farines, destinés à l'approvisionnement de Paris.

Le Seine divise Corbeil en deux parties, le nouveau Corbeil, ou la ville proprement dite, et le vieux Corbeil, ou le Faubourg. L'antique église de Saint-Spire est située dans la ville. Un hospice très-ancien, dont on croit que la reine Adèle, veuve de Louis-le-Jeune, ne fut que la restauratrice, subsiste encore à Corbeil. La halle au blé est, sous le rapport de l'architecture, ce qu'il y a de plus digne d'attention dans cette ville.

Je m'arrête ici, ma bonne Julie, car nous n'avons pas poussé plus loin notre excursion. Cette fois, je crois te l'avoir dit, nous ne sommes pas avec nos Anglais; nous ne les avons plus revus.

VII

ORSAY, RAMBOUILLET, MONTFORT L'AMAURY.

Transportons-nous, ma chère Julie, dans la délicieuse vallée de Bièvre, à laquelle une toute petite rivière donne son nom. Là, nous visitons Palaiseau, où la tradition place la fameuse histoire de la Pie Voleuse. Nous voici bientôt à Orsay, village situé en amphithéâtre sur le penchant d'une colline, à l'endroit où se croisent diverses routes. Simon d'Orsay, qui vivait en 1150, est le plus ancien seigneur connu de ce village dont il habitait le château. Cette forteresse reconstruite sous le règne de Charles VI, devint bientôt la terreur de toutes les campagnes environnantes par les brigandages de ceux qui l'occupaient, et qui étaient devenus tellement odieux au peuple voisin qu'il prêta de bon cœur main forte aux Anglais, en 1423, afin de s'affranchir d'un joug qui ne pouvait être remplacé par rien de pire. Les assiégés surent néanmoins résister pendant huit jours ; enfin, la place fut prise, et ceux qui la gardaient faits prisonniers à la grande satisfaction de leurs vassaux opprimés. J'ignore s'ils gagnèrent au change, mais je sais qu'en 1793, nos héroïques villes du nord, Lille et Dunkerque, préférèrent s'exposer à toutes les tortures de la terreur plutôt que d'accepter la domination anglaise.

Cet antique château d'Orsay, restauré en 1807, est bâti sur une terrasse entourée d'eau. Dans le parc, planté régulièrement et bordé par l'Yvette, on voit un canal qui a plus de 120 mètres de longueur sur 26 de large. A l'extrémité s'élève un joli pavillon décoré d'un portique de six colonnes ioniques d'un très-bon style. La chapelle du château est une élégante rotonde enrichie à l'intérieur d'un péristyle dorique.

J'aurais voulu m'arrêter dans cette riante vallée qui rappelle, dit-on, la Suisse, et rivalise avec celle de Montmorency ; mais mon père avait depuis longtemps formé le projet de nous conduire à Rambouillet. Nous avons passé par Chevreuse, dont le nom rappelle celui d'un des plus fidèles amis de Fénelon. Le duc de Luynes, héritier direct de ce duc de Chevreuse qui possède le château de Dampierre, voisin de cette ville, est un protecteur des arts des plus éclairés et consacre sa fortune princière à répandre beaucoup de bienfaits. Situé au fond d'un vallon, le château de Dampierre, d'un aspect assez sévère, se recommande néanmoins par ses magnifiques peintures et par l'élégance de son parc, digne par son étendue, ainsi que par la beauté et la variété de ses ornements, d'appartenir à une maison royale. Il est traversé par l'Yvette ; on y trouve de belles pièces d'eau, des cascades, des îles ombragées, etc. ; enfin le bois, percé de larges allées, est peuplé de bêtes fauves.

A peu de distance de Chevreuse, se trouvent, au fond d'une vallée pittoresque, les ruines de la célèbre abbaye de Port-Royal-des-Champs. Le nom primitif de ce monastère était Porrois ou Porrais, et c'est ainsi qu'il est désigné dans les actes du XIII° siècle. Plus tard on traduisit ce nom par les mots latins *Portus Regis, Portus Regius*, et bientôt on finit par écrire en français Port-Royal.

Cette communauté fut fondée, en 1214, sur l'emplacement d'une ancienne chapelle de Saint-Laurent.

Douze religieuses la composaient en 1214 ; c'est alors qu'elle fut érigée en abbaye et soumise à la règle de Citeaux. Plus tard, le relâchement s'y était introduit et vers la fin du XVI° siècle la clôture monastique n'y était même plus observée. En 1602,

Marie-Angélique Armand fut choisie pour abbesse bien qu'elle eût à peine onze ans accomplis ; sous le gouvernement de cette enfant, tout marcha comme par le passé ; mais lorsqu'elle eut atteint sa dix-septième année, il survint une circonstance qui prouve que Dieu sait tirer sa gloire du plus indigne instrument.

Voici comment Racine raconte cet événement dans son abrégé de l'histoire de Port-Royal.

« Un capucin, qui était sorti de son couvent par libertinage et qui allait se faire apostat en pays étranger, passant par hasard à Port-Royal, fut prié par l'abbesse et par les religieuses de prêcher dans leur église. Il le fit, et ce miserable parla avec tant de force sur le bonheur de la vie religieuse, sur la beauté et la sainteté de la règle de Saint-Benoit, que la jeune abbesse en fut vivement émue. Elle forma dès lors la résolution, non-seulement de pratiquer sa règle dans toute sa rigueur, mais d'employer même tous ses efforts pour la faire observer à ses religieuses. Elle commença par un renouvellement de ses vœux, et fit une seconde profession, n'étant pas satisfaite de la première ; elle réforma tout ce qu'il y avait de mondain et de sensuel dans ses habits, ne coucha plus que sur une simple paillasse, s'abstint de manger de la viande, et fit former de bonnes murailles son abbaye, qui ne l'était auparavant que d'une méchante clôture de terre éboulée presque partout. »

Les autres religieuses s'associèrent à cette courageuse impulsion de réforme dont la sévérité n'empêcha pas de nouvelles postulantes de venir grossir la communauté. Autour d'elles vinrent se grouper plusieurs hommes célèbres, tels que Nicole, Pascal, Racine, Arnaud d'Andilly, de Sacy, etc. C'est là que vint se retirer la duchesse de Longueville, qui a inspiré si heureusement M. Cousin. En 1625, l'insalubrité de cette vallée, souvent submergée, a fait transposer à Paris ce célèbre monastère.

Nous saluons Rambouillet, auquel se rattache plus d'un souvenir ; nous allons les passer en revue.

Ce n'était au XIVe siècle qu'une simple seigneurie appartenant à la famille d'Angennes. Cette famille a fourni à l'Eglise deux illustres prélats, nés à Rambouillet : l'un Charles d'Angennes, évêque du Mans, ambassadeur. Pie V qui l'estimait fort le fit cardinal et lui confia le gouvernement de Corneto. Il mourut dans les états du Pape, en 1587. Claude d'Angennes, son frère et son successeur à l'évêché du Mans, fut l'ami de saint Charles Borromée. Louis XIII érigea la terre de Rambouillet en marquisat, en faveur d'un Charles d'Angennes, envoyé en ambassade au Piémont, en 1627 et qui mourut à Paris en 1652, à l'âge de 75 ans. Catherine de Vironne, son épouse, et ses filles, dont l'esprit était très-orné, rendirent fameux l'hôtel de Rambouillet à la fin du règne de Louis XIII et au commencement de celui de Louis XIV. Cet hôtel, fréquenté par les gens de lettres, devint une petite académie dont les jugements n'étaient pas toujours dictés par le meilleur goût, mais dont il ne faut pas méconnaître l'influence, souvent heureuse, sur l'épuration de la langue française. La marquise de Rambouillet mourut en 1665. De ses quatre filles, les trois aînées furent religieuses, et la plus jeune, Julie-Lucie, épousa le duc de Montausier, cet austère gouverneur du dauphin, qui avait cependant su sacrifier aux grâces en composant pour sa future épouse le célèbre album connu sous le nom de Guirlande de Julie. Ce couple hérita du marquisat de Rambouillet, et leur fille unique, Marie-Lucie, le transmit à son mari, Joseph-Jean-Baptiste Fleuriau, seigneur d'Armenonville, qui fut garde des sceaux. Louis-Alexandre de Bourbon, comte de Toulouse, fils légitime de Louis XIV, acheta de ce seigneur le marquisat de Rambouillet en 1706, et pour lui cette terre fut érigée en duché-pairie en 1711 et transmise ensuite à son fils, le duc de Penthièvre.

Le château royal de Rambouillet est d'une architecture ancienne, surtout la grosse tour crénelée qu'habita François Ier. On y montre l'appartement où mourut ce prince à l'âge de cinquante-deux ans. Ce château est irrégulier et peu orné, malgré les améliorations qu'on y a faites à diverses époques. Le Nôtre a dessiné le parc, et quoique ce ne soit pas son chef-d'œuvre, encore offre-t-il beaucoup d'agréments. On y remarque surtout une belle pièce d'eau en forme de trapèze, dont la surface est de vingt-six-hectares et que des îles riantes divisent en plusieurs canaux. Au pied de la terrasse du château, un embarcadère, à la manière de ceux de Venise, invite à explorer ces lieux pittoresques. Le reste du parc est très-varié; son étendue comprend 1200 hectares, le petit parc, renfermé dans le grand, en a 160. Il s'y trouve un jardin anglais et une laiterie construite pour Marie-Antoinette. Parmi les diverses fabriques qui le décorent, l'oratoire remarquable par ses peintures à fresque, mérite une mention particulière.

Louis XVI ayant acheté en 1783 le château de Rambouillet, n'exécuta aucun des projets de restauration qui lui furent soumis par l'architecte Renard. Ce prince fit cependant créer dans le parc une belle ferme destinée à l'établissement d'un troupeau de mérinos, le premier et le plus beau que l'on ait vu en France. En 1805, une des ailes du château a été abattue. Les dernières constructions avaient pour objet d'y loger le roi de Rome, mais ces travaux sont restés imparfaits. Marie-Louise et son fils arrivèrent en ces lieux lors de la délivrance de l'empereur escortés du prince d'Esterhazy et d'un piquet de Cosaques. Ils y reçurent la visite des princes alliés et y restèrent dans une position qui avait toute l'apparence d'une honorable captivité, depuis le 12 avril, jusqu'au 21 du même mois, jour auquel ils partirent pour l'Autriche.

Charles X, réfugié à Rambouillet à la suite des désastres de juillet 1830, y fit camper ses troupes dans le parc. Le lendemain, premier août, Madame la Dauphine, qui était aux eaux de Vichy depuis un mois, vint le rejoindre ; elle arriva sans suite. Les enfants de la duchesse de Berry étaient sur le perron du château pour la recevoir. « A sa vue, dit un témoin oculaire, les troupes de la garde et de la maison du roi firent éclater le plus vif enthousiasme. Les gardes du corps, quittant leur bivouac, accoururent à sa rencontre ; en un instant, sa voiture fut entourée. Ils s'écrièrent : *Vive notre Dauphin!* Vive notre bonne mère! La plupart ne prirent pas le temps de passer leur habit ; plusieurs vinrent la barbe à moitié faite ou les bras nus, occupés qu'ils étaient à faire la cuisine ou à panser leurs chevaux. Madame la Dauphine donnait ses mains à tous. »

Mais la révolution qui se préparait depuis longtemps dans l'ombre avait marché rapidement pendant trois jours. A toutes les propositions, à tous les sacrifices que voulut faire le roi, il fut répondu qu'il était trop tard. Les troupes commencèrent bientôt à se démoraliser ; des besoins de tout genre se faisaient sentir. La famille royale, que ses nombreux bienfaits ne mettaient pas à même de thésauriser, possédait à peine cent mille francs, et encore en billets. Toutes les bourses se fermaient tous les dévouements se taisaient, dit le même auteur. Enfin, on mit de l'argenterie en gage, et on put avoir de la farine. Des boulangers, pris dans des régiments, faisaient du pain, mais il était enlevé à demi cuit par des malheureux qui n'en avaient pas eu depuis trois jours. La viande, le vin, le fourrage étaient aussi fort rares, et l'on mourait de faim aux portes de la capitale et dans la province la plus fertile de France.

Comme des envoyés du roi, ainsi que du gouvernement provisoire, étaient sans cesse sur la route, on prit toutes les précautions possibles pour prévenir de nouveaux actes d'hostilités. Néanmoins, le 3 août, le colonel Laîné, autrefois lieutenan général de la gendarmerie de Paris, fut tué en son tant de Rambouillet, par des paysans armés, et un officier supérieur, attaché au général Lafayette, reçut une blessure. Ce jour même, le roi refusa de recevoir une députation envoyée par le nouveau gouvernement. Mais le soir, à 7 heures, une estafette apporta des dépêches qui annonçaient les nouvelles les plus sinistres et l'arrivée de trois commissaires : M. le maréchal Maison, pour la chambre des pairs; de Schonen pour celle des députés, et Odilon Barrot, représentant la garde nationale.

Cette députation arriva aux avant-postes à huit heures du soir, demandant si elle serait reçue avec les couleurs qu'elle portait; sur l'assurance qui lui en fut donnée, elle entra dans Rambouillet.

Introduits chez le roi, ces messieurs lui peignirent la gravité du péril, en lui annonçant qu'environ quinze mille hommes armés, montés dans les fiacres et les voitures de Paris, s'acheminaient vers Rambouillet pour le forcer à quitter le royaume; qu'ils avaient peu d'heures devant eux, et qu'il n'y avait pas de temps à perdre. Le roi avait déjà vu que tout espoir était détruit et qu'il fallait se soumettre. Ainsi cette famille, vouée au malheur, partit une seconde fois pour la terre étrangère.

A côté de ces souvenirs, la ville de Rambouillet s'efface. Disons cependant que cette ville est bien bâtie ; les rues en sont larges et bien percées. Son hôtel de ville, bâti sous Louis XVI, mérite d'être remarqué.

Non loin de Rambouillet, il faut encore visiter Montfort l'Amaury, dont les ruines décèlent l'ancienne magnificence : je veux parler de l'ancien château qui couronnait la petite ville. Il fut construit au temps du roi Robert, et rebâti au XIIIe siècle. Les seigneurs de Montfort sont fort célèbres dans l'histoire et tinrent tête aux souverains. Simon II se défendit avec courage et succès contre le roi d'Angleterre et le comte de Poitiers, qui assiégèrent sa forteresse à la fin du XIe siècle. Ce Simon fut le père de Bertrade que Philippe Ier, roi de France, enleva à Foulques comte d'Anjou, son mari, au mépris de l'intéressante reine Berthe. En 1159, un des comtes de Montfort déshonora son nom, en prenant, contre son roi, parti pour celui d'Angleterre, à qui il livra toutes les terres qu'il possédait en France. Mais le plus illustre de ces seigneurs fut Simon IV, que l'on surnomma le Machabée, à cause de la valeur qu'il déploya dans les guerres de religion. Dans ces temps où l'on ne connaissait d'autres moyens de persuasion que la force, en 1205, il fut nommé chef de la croisade dirigée contre les Albigeois, que protégeaient Pierre, roi d'Aragon, Raymond, comte de Toulouse, et d'autres seigneurs, et remporta sur eux une grande victoire, en 1213. Il fut tué d'une pierre, que lui lança une femme au siége de Toulouse, en 1218. Un des historiens du temps raconte de ce Simon que plusieurs personnes vinrent un jour lui dire avec empressement qu'en un certain lieu Jésus-Christ manifestait visiblement sa présence dans la sainte Hostie, et l'invitèrent à venir comtempler cette merveille; mais, inspiré par un sentiment de foi extraordinaire, le héros chrétien refusa de se rendre à cette invitation : « Je n'ai pas besoin, répondit-il, de voir, pour croire à la présence réelle du Sauveur dans le Saint-Sacrement, et je m'en tiens aussi assuré que si j'avais été témoin de ce miracle. »

Amaury de Montfort, fils aîné de ce Simon, céda ses conquêtes au roi Louis VIII qui réunit ainsi le comté de Toulouse à la couronne. Il fut fait connétable. Son frère, nommé Simon, joua un grand rôle en Angleterre sous le titre de comte de Leicester. Le roi Henri III le combla de faveurs et lui fit épouser sa sœur Eléonore ; aveuglé pas sa prospérité, il se révolta contre son prince et son bienfaiteur, et, après plusieurs années de luttes dans lesquelles il eut l'avantage, il finit par être vaincu par Edouard fils du roi à la bataille d'Evestham, où il périt misérablement. Dégradée en

Angleterre, sa race revint en France où elle retrouva les priviléges de son ancienne illustration. Depuis longtemps la descendance de ces fiers chevaliers est complétement éteinte.

Après nous être promenés ainsi pendant quelques jours, nous sommes revenus par Versailles, Sèvres, Bellevue et Meudon, que j'aime toujours à revoir, moins pour la beauté de ces lieux et les souvenirs qu'ils retracent, qu'à cause des précieuses relations que nous y avons formées et qui les embellissent encore à mes yeux. Ah! Julie, un aride désert paraîtrait délicieux avec une telle société! Mais il faut rentrer, hélas! dans ce tourbillon de Paris, où l'on coudoie le mérite sans l'apercevoir, la misère sans la deviner, où l'intrigue supplante le bon droit et où s'accomplissent les révolutions. Que ne m'est-il donné de passer ma vie dans ce coin de terre béni d'où l'on voit se dérouler à ses pieds l'espace où gravite l'iniquité et au-dessus duquel on plane dans une atmosphère plus épurée. Vains regrets! là où la Providence a placé notre chaîne il faut vivre, et sans murmure, en attendant notre introduction dans la société choisie des élus, au delà de ce ciel bleu et de ces blanches nuées où je compte bien te retrouver, Julie.

Nous ne ferons plus qu'une excursion cette année; le temps est rarement beau et la saison s'avance. Pour répondre à ta question, je dois te dire que nous n'avons plus de nouvelles de la famille Roberts : ou ils nous boudent ou ils auront quitté la France. Je m'en console aisément ; mais je m'intéresse toujours à eux devant Dieu.

VIII

MONTLHÉRY, NOTRE-DAME DE LONGPONT, RENCONTRE
INATTENDUE, CONCLUSION.

Septembre 1860.

Te rappelles-tu, Julie, ces vers de Boileau, qui peignent si tristement l'aspect de la tour de Montlhéry ?

> Ses murs dont le sommet se dérobe à la vue,
> Sur la cime d'un roc s'allongent dans la nue ;
> Et présentant au loin leur objet ennuyeux,
> Du passant qui les fuit semblent suivre les yeux.

Mais au temps de Boileau, on n'appréciait pas comme de nos jours l'intérêt des reliques du moyen âge, et aujourd'hui on trouve cette tour très-pittoresque.

Les ruines de ce château féodal rappellent des souvenirs très-anciens : Thibaud, surnommé File-Etoupe à cause de la couleur de ses cheveux, fils du fameux Bouchard-le-Barbu, souche des Montmorency, obtint de Hugues Capet, en 999, la seigneurie de Montlhéry et de Bray-sur-Seine. Ce fut lui qui, sous Robert, bâtit cette fameuse forteresse, si redoutable depuis aux seigneurs voisins et même aux rois de France. Gui Troussel, arrière-petit-fils de ce Thibaud, donna de grands embarras à Philippe Ier par sa turbulence et ses séditions continuelles. Il partit pour la croisade, et quoiqu'il en revînt malade et accablé de fatigue, son retour n'en fut pas moins un sujet d'inquiétudes pour le monarque, qui le regardait comme son plus mortel ennemi, et qui ne vit pas de meilleur moyen de le désarmer que de l'allier à sa famille, en mariant son fils naturel Philippe, avec Elisabeth, fille de Gui Troussel. A l'occasion de ce mariage, Philippe fut créé seigneur de Mantes, et Montlhéry fut cédé au roi en échange de Mehun-sur-Loire. En cette circonstance, le roi dit à son fils Louis, depuis Louis-le-Gros, en lui confiant la garde de Montlhéry : *Mon fils, garde bien ce château qui m'a causé tant de peines et de tourments; car, par la perfidie et la méchanceté de son seigneur, j'ai passé ma vie entière à me défendre contre lui ; et je suis arrivé à un état de vieillesse sans en avoir pu obtenir ni paix ni repos.* Ces paroles sont rapportées par Suger, qui dit les avoir entendues de la bouche même du roi.

Milon II tenta de reprendre le château de Montlhery. Ce fief fut encore l'objet de longues dissensions et de nombreux combats, jusqu'à ce que Hugues de Crécy eut étranglé Milon de ses propres mains, et que, tourmenté de remords, il eut renoncé à toute prétention sur Montlhéry et embrassé la vie religieuse.

Plusieurs monarques résidèrent dans le château de Montlhéry. Louis-le-Jeune fonda, dans le bourg, une léproserie et une chapelle. Saint Louis et sa mère furent obligés de se réfugier dans la forteresse de Montlhéry, pour résister aux efforts des seigneurs réunis à Corbeil, qui voulaient enlever la régence à Blanche. Thibaud, comte de Champagne, à la tête de trois cents chevaliers et d'un grand nombre de parisiens armés, vint délivrer la reine et le jeune roi et les ramena dans la capitale.

Les murs de cette forteresse servirent de prison au comte de Hainaut en 1292, et à Louis de Flandre en 1311. Les Armagnacs et les Bourguignons se la disputèrent en 1417 et en 1418; mais l'époque la plus mémorable de son histoire est celle de la sanglante bataille livrée sous ses murs, le 16 juillet 1465, dans le temps de cette ligue du bien public, qui ne servit qu'à rendre le peuple plus malheureux. Les Bourguignons, quoique restés maîtres du champ de bataille, furent tellement maltraités par les troupes, que la plaine au nord de Montlhéry, où cette action eut lieu, fut appelée depuis le cimetière des Bourguignons. Le traité de Conflans mit fin à cette guerre du bien public et aux fastes historiques du château de Montlhéry.

Trois cents paroisses dépendaient de la châtellenie de Montlhéry, et plus de cent trente-trois fiefs. Les seigneurs fieffés étaient qualifiés de chevaliers de Montlhéry, et avaient la charge de garder le château pendant deux mois chaque année.

Ce château était situé sur un mamelon; pour y arriver, il fallait ouvrir cinq portes, monter sur trois terrasses élevées au-dessus des autres et franchir cinq enceintes successives; neuf tours réunies par des courtines composaient l'édifice. Le principal débris qui en reste est la tour du donjon, qui, malgré son élévation, n'est point entière ; des parties considérables ont été détachées du sommet par le temps ; toutes ses voûtes sont détruites. Sa hauteur qui est encore de trente-trois mètres, paraît plus considérable, à cause de sa position élevée au-dessus du bourg de Linas. Quelques pans des autres tours subsistent encore.

Au milieu de l'enceinte dont on voit encore une partie, est l'entrée d'un souterrain dont l'ouverture est bouchée. Ce souterrain était sans doute un moyen d'évasion en cas de défaite, et l'histoire rapporte que le jeune roi Louis IX y chercha un asile avec sa mère. A la tour principale en est adossée une autre de moindre dimension; elle contient l'escalier qui n'est plus abordable ; l'accès en a été défendu depuis un déplorable accident qui y est arrivé. Le gigantesque donjon, malgré la vue étendue dont on jouirait à son sommet, n'est plus fréquenté que par des corbeaux et des oiseaux nocturnes.

Au nord-est se trouve un monticule appelé Motte de Montlhéry, et que l'on croit une de ces tombelles, où les chefs de la Gaule étaient ensevelis.

La ville de Montlhéry, située sur la montagne un peu au-dessous du château, est désignée dans une charte du roi Pepin datée de 798. Avant la révolution, elle avait une certaine importance comme chef-lieu de plusieurs juridictions. Il lui reste un marché à blé très-fréquenté. La place où il se tient est vaste ; les rues sont larges et bien percées. L'église paroissiale, assez grande, a été reconstruite à diverses époques. Une des portes de la ville porte l'inscription suivante :

Cette porte, bâtie dès l'an 1015, *par Thibaud*

File-Etoupe, fut rétablie en 1589, *sous Henri III, et restaurée sous le consulat de Bonaparte a l'an VIII de la république, par Goudron du Tilloy, maire.*

Nous arrivons, ma chère Julie, au terme de nos pérégrinations pour cette année. J'aurais voulu pouvoir visiter et te décrire bien d'autres lieux charmants ou célèbres, mais il faut se borner ou du moins ajourner quelque chose à l'année prochaine, si Dieu le permet. Aujourd'hui, nous avons voulu clore nos promenades par un pèlerinage pieux.

Pendant que des créatures favorisées du ciel entreprennent celui de Jérusalem, que de dévots serviteurs de Marie se rendent à Notre-Dame de Fourvières ou tout au moins à Notre-Dame de Chartres, nous sommes obligés de nous réduire à des proportions encore plus modestes. Nous nous contentons de nous prosterner aux pieds de la madone, non moins miraculeuse et beaucoup plus à notre portée, qui attire aussi la foule parisienne sous le nom de Notre-Dame de Bonne-Garde de Longpont.

Louis XI demandait pardon à Notre-Dame du Plessis d'adresser de préférence ses prières à Notre-Dame d'Embrun; pour nous, si nous visitons avec piété certains lieux, consacrés par des bienfaits de Marie, nous savons que partout elle peut nous écouter favorablement, et que la mesure de notre foi est surtout celle du fruit de nos prières.

Or, cette foi se ranime au contact du concours de fidèles qui se portent dans certains lieux privilégiés, pour attester des miracles et implorer des grâces nouvelles.

Voilà pourquoi nous avons voulu aller nous édifier à Longpont, où la protection de Notre-Dame de Bonne-Garde répand les plus heureux fruits.

La légende du pays dit que, du temps des Druides, à la place qu'occupe aujourd'hui l'église, on trouva, dans un chêne creux, une image miraculeuse avec cette inscription : *A la Vierge qui doit enfanter.* Dès lors, le culte de cette vierge inconnue serait devenu célèbre, et Priscus, roi des Chartrains, toujours selon cette légende, aurait fait faire une statue semblable pour sa ville. Ainsi Longpont dispute au fameux sanctuaire de Chartres le privilége de cette prophétique origine. Quoi qu'il en soit de l'antique tradition, on sait qu'il existait au neuvième siècle une église dont l'origine se perd dans la nuit des temps et qui était consacrée à Marie. Un leude franc, nommé Gaufridus, dit encore la tradition, lui aurait dû la vie de son fils, retiré mort d'un puits et ressuscité, après avoir été voué à la mystérieuse Vierge.

Au XI⁰ siècle, alors que délivré des craintes que

l'on avait conçues au sujet de la fin du monde pour l'an 1000, on restaurait de toutes parts les sanctuaires qui avaient été négligés, Guy, seigneur de Montlhéry, fils de Thibaud File-Etoupe fit reconstruire l'église de Longpont, pour y fonder un monastère. Le roi Robert posa la première pierre de cet édifice que l'évêque de Paris vint consacrer. Hodierne, femme de Guy, le seconda avec un zèle merveilleux dans sa pieuse entreprise. Elle se rendit elle-même à Cluny, pour obtenir de l'abbé vingt-deux moines qu'elle établit dans le prieuré. Elle travaillait aussi de ses propres mains à la construction de l'église et elle allait chercher de l'eau pour les ouvriers à une fontaine éloignée qui passe encore aujourd'hui pour avoir la vertu de guérir les fiévreux. La légende rapporte que la pieuse châtelaine ayant un jour demandé à un forgeron de Lonpgont un peu d'aide pour transporter ses seaux, ce brutal ne lui répondit qu'en lui jetant dans les jambes une barre de fer rouge. Miraculeusement préservée de toute brûlure, Hodierne prédit à ce méchant homme qu'il mourrait dans l'année; cette prédiction s'étant réalisée, inspira une telle crainte que, pendant longtemps, aucun forgeron ne put ou n'osa s'établir à Longpont.

De précieuses reliques déposées dans ce sanctuaire sont encore venues ajouter à son illustration, ainsi que les visites de plusieurs saints personnages, tels que saint Hugues, saint Bernard, saint Louis et d'autres rois qui y laissèrent des marques de leur munificence. Ses autels, ses murs chargés de témoignage de gratitude attestaient qu'on n'y a pas invoqué en vain la Mère de miséricorde. Sur mer, on faisait des vœux à Notre-Dame de Longpont et l'on échappait à la mort.

Dès le moyen âge, c'était à qui s'enrôlerait dans la confrérie de Notre-Dame de Bonne-Garde, enrichie des indulgences de l'Eglise. Cette confrérie a été récemment remise en vigueur et enrichie de grâces nouvelles. A cette occasion, plusieurs fruits de conversion et d'édification se sont manifestés dans le pays environnant.

Les habitants de Longpont, entre autres, ont donné dernièrement un exemple de piété digne des siècles les plus fervents. Pendant treize jours, tous les hommes de cette commune, depuis le plus aristocratique propriétaire jusqu'au plus humble journalier, présidés par leur curé, ont travaillé eux-mêmes, armés de pioches, au déblaiement du sol de leur église, obstrué par des terres amoncelées à la hauteur d'environ un mètre, et masquant entièrement, depuis un temps immémorial, des piédestaux et des objets d'art dignes d'attention. Pendant que les hommes se livraient avec zèle à ce pénible labeur, les dames travaillaient de leur côté pour l'ornement et la glorification de Notre-Dame de Bonne-Garde.

Lors de ces fouilles dont nous parlons, on a découvert les ossements d'Hodierne, qualifiée bienheureuse, qui, par humilité, avait voulu être enterrée à l'entrée du temple qu'elle avait fondé. Après avoir accompli toutes les formalités voulues en pareille occasion, le curé de Longpont a recueilli ces précieuses reliques, afin de les placer dans un lieu plus digne d'elles.

Malgré les transformations qu'elle a subies, cette antique église est encore aujourd'hui une des plus remarquables des environs de Paris. Elle est très-fréquentée, et, à en juger par les nouveaux ex-voto, la Vierge de Longpont est aussi favorable que par le passé à ceux qui viennent y prier.

Un pèlerinage solennel avait été annoncé concurremment avec celui de Chartres pour le 8 jusqu'au 15 septembre, en l'honneur de Notre-Dame de Bonne-Garde. Des voix éloquentes devaient y être entendues, et nous voulions nous y trouver pendant un des jours de l'octave. C'est ce que nous avons fait, mais quelle surprise nous attendait en ce lieu! Nous y trouvâmes qui? devinez... nos Anglais, que la curiosité ou plutôt la grâce y avait poussés et qui écoutaient avec recueillement les instructions du pieux curé ainsi que celles de l'abbé Jacquet, et en paraissaient fort édifiés.

En leur compagnie, nous avons ensuite visité le parc du château de Lormois habité par madame Paturle qui a fondé à Longpont une communauté de femmes pour l'éducation des jeunes filles. Il y a longtemps que la maison conventuelle du prieuré tenant à l'église n'existe plus; toutefois une grande piété règne dans Longpont et on y fait beaucoup de bonnes œuvres.

Adieu, vieille tour de Montlhéry, adieu, vertes campagnes, sanctuaires champêtres! Précurseur de l'hiver, la froide bise d'automne fait déjà tomber les feuilles flétries, quand à peine on a eu le temps de goûter les charmes de l'été. Ainsi tend à sa fin le cours rapide de notre vie. Au revoir, nous disent les beaux jours de l'année; mais le printemps de la vie ne renaît plus ici-bas !

Heureux qui n'attend pas le déclin de sa vie pour en apprécier la fragilité! Il y a des ames privilégiées à qui cela est révélé d'en haut sans qu'elles aient besoin d'en faire l'onéreuse expérience. De ce nombre est miss Lucy Roberts. Elle vient de m'écrire deux mots, mais quels mots! Depuis le pèlerinage de Longpont elle est catholique, et comme elle ne fait rien à demi, elle entre demain chez les dames bénédictines du Saint-Sacrement où elle veut prendre le voile. Fortement ébranlés dans leurs convictions, ses parents ne s'y opposent pas. Bientôt, je n'en doute pas, entraînés par son exemple, bénis par ses prières, ils renonceront eux-mêmes aux erreurs de Calvin.

FIN.

TABLE.

I. Lettre de Joséphine à Julie. 1

II. Chemin de fer de Versailles, rive gauche : Meudon, Bellevue, Sèvres. — Un fait providentiel. . . 7

III. Versailles, Trianon, Saint-Cyr, Saint-Cloud. . 22

IV. Appréciation morale des environs de Paris. — Une famille anglaise. — Saint-Germain. — Poissy. — Meulan. — Mantes. — Rosny. . . . 40

V. Montmorency. — Une procession de la Fête-Dieu. — Vallée de Montmorency. — Pontoise. . 54

VI. Route de Lyon. — Corbeil. Ingeburge de Danemark. 79

VII. Orsay, Rambouillet, Montfort l'Amaury. . . 89

VIII. Montlhéry, Notre-Dame de Longpont, rencontre inattendue, conclusion. 103

FIN DE LA TABLE.

Tournai, typ. Casterman.

www.ingramcontent.com/pod-product-compliance
Lightning Source LLC
Chambersburg PA
CBHW070511100426
42743CB00010B/1808